Puerto Rico
La Isla del Encanto

Puerto Rico
La Isla del Encanto

Melissa López Charepoo

Un libro de actividades sobre la historia, cultura y tradiciones puertorriqueñas.
An activity book about Puerto Rican history, culture, and traditions.

Este libro le pertenece a:
This book belongs to:

____

First published 2017. Reprint 2026.

ISBN 978-1-971750-05-7 (paperback)

Índice general
Table of Contents

Unas palabras al educador

El tema de la historia, cultura y tradiciones de Puerto Rico es uno complejo y extensivo. Sería muy difícil tratar de abarcar todos los detalles, eventos y personas que han contribuido a su desarrollo. Por ende, este cuaderno de actividades y colorear intenta enseñarle al niño(a) la riqueza y la diversidad de una forma simple en la que el/ella pueda entender y aprender.

El cuaderno invita al niño(a) a sumergirse en la libre exploración de diversos temas. Su niño(a) necesitará su ayuda para completar los ejercicios de cuaderno. También encontrará útil el uso de una computadora con internet para ver videos y buscar canciones, recetas e imágenes para así poder entender mejor el tema. Sin embargo, una palabra de cautela debe ser compartida en este momento, por favor sea conciente de que no todos los videos o letras de canciones y en algunos casos obras de arte o literatura son aptos para niños y filtre usted de antemano el material al que usted va a exponer a su niño(a).

Al final del libro usted encontrará una **Guía para el educador** con todas las contestaciones a las preguntas objetivas del cuaderno. Cada página que tiene las contestaciones incluidas en la guía, estarán marcadas con una G seguida por el número correspondiente a la página de la guía **(G-200).** En relación a todas las demás preguntas subjetivas, no hay forma correcta o incorrecta de contestarlas, sólo preferencia personal.

Es mi más sincero deseo que usted encuentre este cuaderno valioso para la educación de su niño.

-La autora e ilustradora

A Note to the Educator

Puerto Rico's history, culture, and traditions is a very complex and extensive topic. It would be very difficult to include all the details, events, and people that have contributed to it. Therefore, this coloring workbook intends to show its richness and diversity in a simple way from which a child can learn and understand.

The workbook invites children to immerse themselves in a free exploration of different topics. Your child will require your assistance to complete most of the questions in the book. He or she will also need the internet to watch videos or search for songs, recipes, or images to better understand a topic. However, a word of caution must be shared at this point: please be mindful that not all videos, song lyrics or, in some cases, works of art or literature are suitable for children. Be sure to review any material before showing your child.

A the end of the book you will find a **Educator's Guide** with all the answers to the objective questions in this workbook. Each page that has an answer included in the guide will be marked with a G and the corresponding number in the guide (**G-200**). For all the other subjective questions there is no right or wrong answer, just a personal preference.

It is my sincere hope that you find this coloring workbook valuable for the education of your child.

-The Author and Illustrator

Unas palabras al niño

La humanidad es como un jardín que tiene flores de diversas formas y multitud de colores, todas siendo hermosas, únicas y especiales, pero al final siguen siendo flores del mismo jardín. La diversidad de las flores combinadas, hace que el jardín sea aún más bello.

De igual forma todos las personas del mundo lucen diferente. Puede que nuestros ojos, rasgos faciales, color de piel sean diferentes pero todos formamos parte del jardín de la humanidad. Aunque nos vemos diferentes en el exterior, en nuestro interior hemos sido creados iguales . Todos los seres humanos tenemos un corazón noble que se conmueve ante las necesidades de otros y nos alegramos de sus alegrías. Y como un jardín, hemos sido creados para vivir en armonía y unidad. Pero no una unidad que nos haga iguales, si no una unidad que celebre nuestras diferencias, una unidad en diversidad.

En cada país del mundo viven diferentes poblaciones culturales. En el caso de los puertorriqueños, muchos viven en Puerto Rico, pero hay millones de puerriqueños en todas partes del mundo. Tambien hay muchas personas que son de asendencia puertorriqueña. Es nuestro deber aprender nuestra historia, conocer nuestra cultura y celebrar nuestras tradiciones para así poder compartir la belleza de éstas con todo el mundo y de igual forma tener nuestros corazones y mentes abiertas para aprender de las demás culturas del mundo. Y como el jardin de la humanidad vivir en armonía y unidad; una unidad en diversidad.

Espero que te diviertas aprendiendo sobre la historia, cultura y tradiciones de Puerto Rico a través de este cuaderno de actividades.

-La Autora e ilustradora

A Note to the Child

Humanity is like a garden that has flowers of diverse shapes and colors. All are beautiful, unique, and special, but, in the end, all are flowers of the same garden. The diversity of all the flowers combined together makes the garden even more beautiful.

Similarly, all the people in the world look different. Our eye shape, our facial features, and the color of our skin might be different, but we all belong to the garden of humanity. Even though on the outside we are different, on the inside we are very much alike. All human beings have a heart that feels compassion for those in need and feels happiness when others are too. We have all been created equal, and, just like the garden, we have been created to live in harmony and unity. But unity does not mean we are all the same: It is unity in diversity.

Even within each country there is diversity. In Puerto Rico there are many ethnic groups, plus many Puerto Ricans live in other parts of the world. There are many more who are of Puerto Rican descent. Therefore, it's our duty to learn about our history, know our culture, and celebrate our traditions so that we can share its beauty with others. It's also important to have an open heart to learn from other cultures as well, and, just like the garden, to live in harmony and unity - unity in diversity.

I hope you enjoy learning about the history, culture, and traditions of Puerto Rico through this coloring workbook.

-The Author and Illustrator

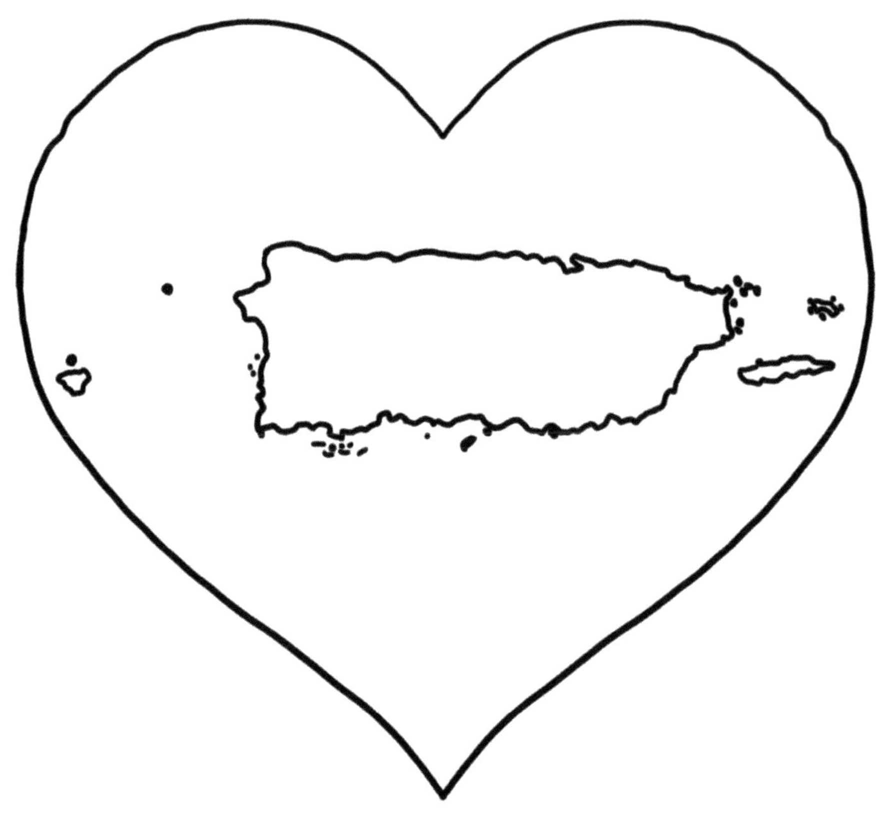

La primera edición de este libro fue publicado en **abril de 2018** con el propósito de apoyar a individuos o grupos que se han empoderado y han creado iniciativas para la recuperación de Puerto Rico luego del huracán Maria. Durante el primer año de su publicación, el 100% de las ganacias será donado a estas iniciativas.

The first edition of this book was published **in April of 2018** *with the purpose of supporting the individual initiatives of fellow Puerto Ricans to assist the island after Hurricane Maria. During the first year after its publication, 100% of the profit of this children's book will go to assist these initiatives.*

-¡Hola! Mi nombre es Luis.
-Hi! My name is Luis.
-¡Hola! Me llamo Ana.
-Hi! My name is Ana.
-¡Somos puertorriqueños!
-We are Puerto Ricans!

-¡Queremos que nos acompañes a una aventura donde justos descubriremos la historia, cultura y tradiciones de Puerto Rico!

-We would like for you to accompany us on an adventure, where we will discover together the history, culture, and traditions of Puerto Rico!

-Pero primero, vamos a conocernos.

-But first, let's get to know each other.

Todo sobre Ana
All about Ana

Mi nombre es Ana Rodriguez Diaz y tengo 9 años. Mi familia y yo somos de Arecibo, Puerto Rico. En el 2015 tuvimos que mudarnos al estado de la Florida por el trabajo de papi. Aunque extraño a mi pueblo, sus playas y su belleza, me encanta vivir aquí, y visitar a Puerto Rico todos los años.

Me divierte jugar soccer y tejer como mi abuela. Me encanta comer hamburger y papitas fritas.

My name is Ana Rodriguez Diaz, and I'm 9 years old. My family and I are from Arecibo, Puerto Rico. In 2015, we had to move to Florida because of my dad's work. Even though I miss the beach and beauty of my hometown in Puerto Rico, I love living here and enjoy visiting the island every year.

I enjoy playing soccer and love to knit like my grandma. Hamburger with fries is my favorite food.

Todo sobre Mi
All About Me

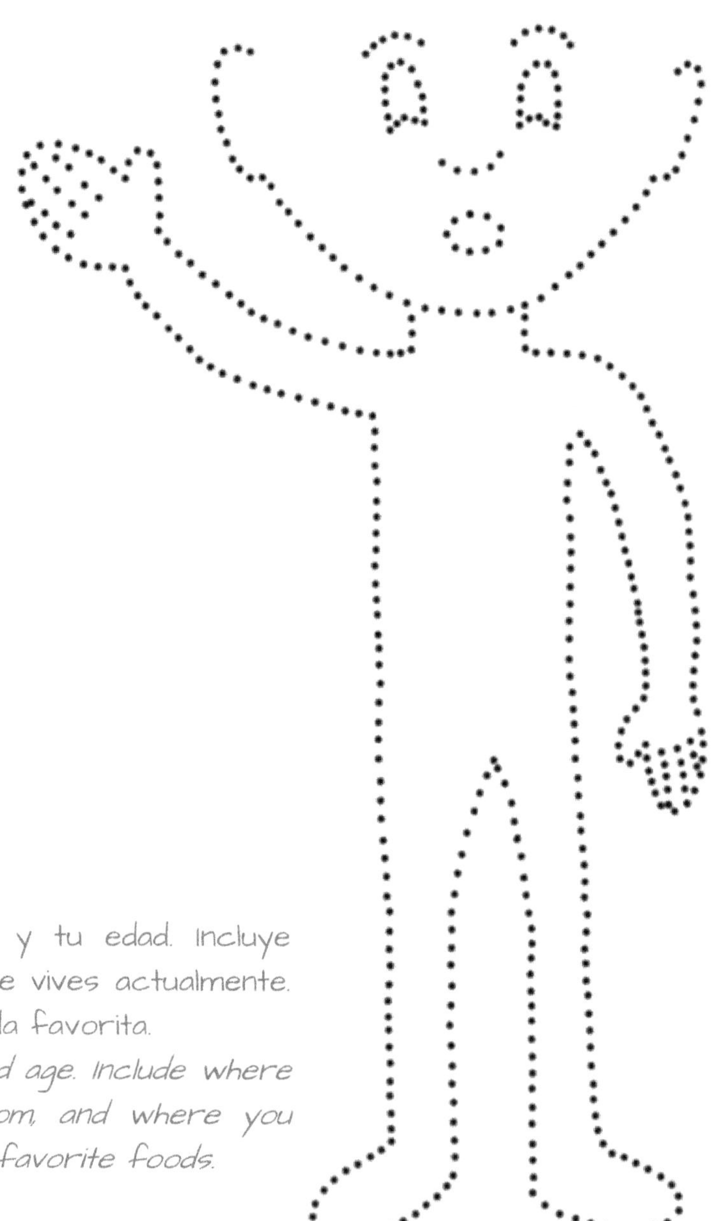

Escribe un párrafo con tu nombre y tu edad. Incluye donde naciste, de donde es tu familia y donde vives actualmente. También menciona tus pasatiempos y tu comida favorita.

Write a paragraph with your name and age. Include where you were born, where your family is from, and where you currently live. Also mention your hobbies and favorite foods.

Todo sobre Luis
All about Luis

Mi nombre es Luis Miller y tengo 8 años. Mis abuelos maternos son puertorriqueños y mi mamá nació en New York. Mis abuelos paternos y mi papá son americanos del estado de California. Nosotros vivimos en Chicago, donde yo nací. ¡Me considero puertorriqueño-americano!

Me encanta jugar baloncesto y construir legos. Mi comida favorita es el arroz con pollo.

My name is Luis Miller, and I'm 8 years old. My grandparents on my mom's side are Puerto Ricans, and my mom was born in New York. My dad and my grandparents are Americans from California. We live in Chicago, where I was born. I consider myself Puerto Rican-American!

I love to play basketball and build Legos. Chicken and rice is my favorite food!

Árbol Familiar
Family Tree

Escribe el nombre de tus familiares y su lugar de nacimiento.
Write the name of your family members and their places of birth.

Dibujo familiar
Family Picture

Dibuja a tu familia.
Draw a picture of your family.

-Ahora que nos conocemos...
¡Qué comience la aventura!
-Now that we know each other...
Let the adventure begin!

-Si estás alegre, grita: ¡WEPA!
-If you are happy, let's say: ¡WEPA!

Geografía
Geography

El Planeta Tierra tiene siete continentes: Africa, América del Norte, América del Sur, Asia, Europa, Oceanía y Antártida. El archipiélago de Puerto Rico, es un grupo de islas, cayos e islotes, que se encuentra en el área del caribe. El Caribe a su vez es un archipiélago aún mas grande compuesto de antillas mayores y menores en el centro del continente americano.

The planet Earth has seven continents: Africa, North America, South America, Asia, Europe, Oceania, and Antarctica. Puerto Rico is an archipelago - a group of islands, islets, and cays - located in the Caribbean. The Caribbean is at the same time a large archipelago with Greater and Lesser Antilles in the center of the American continent.

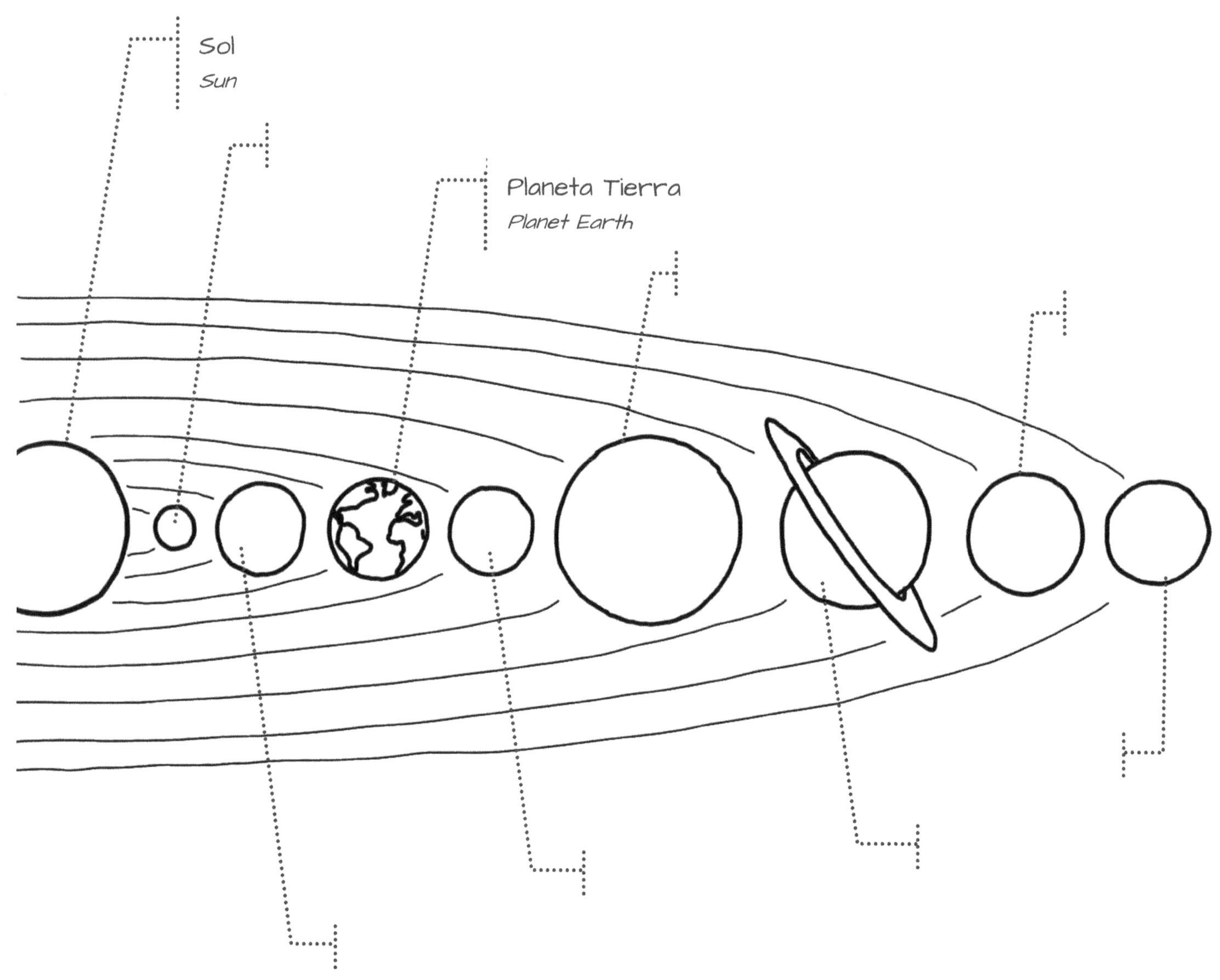

El sistema solar
The Solar System

¿Puedes nombrar todos los planetas?

Can you name all the planets?

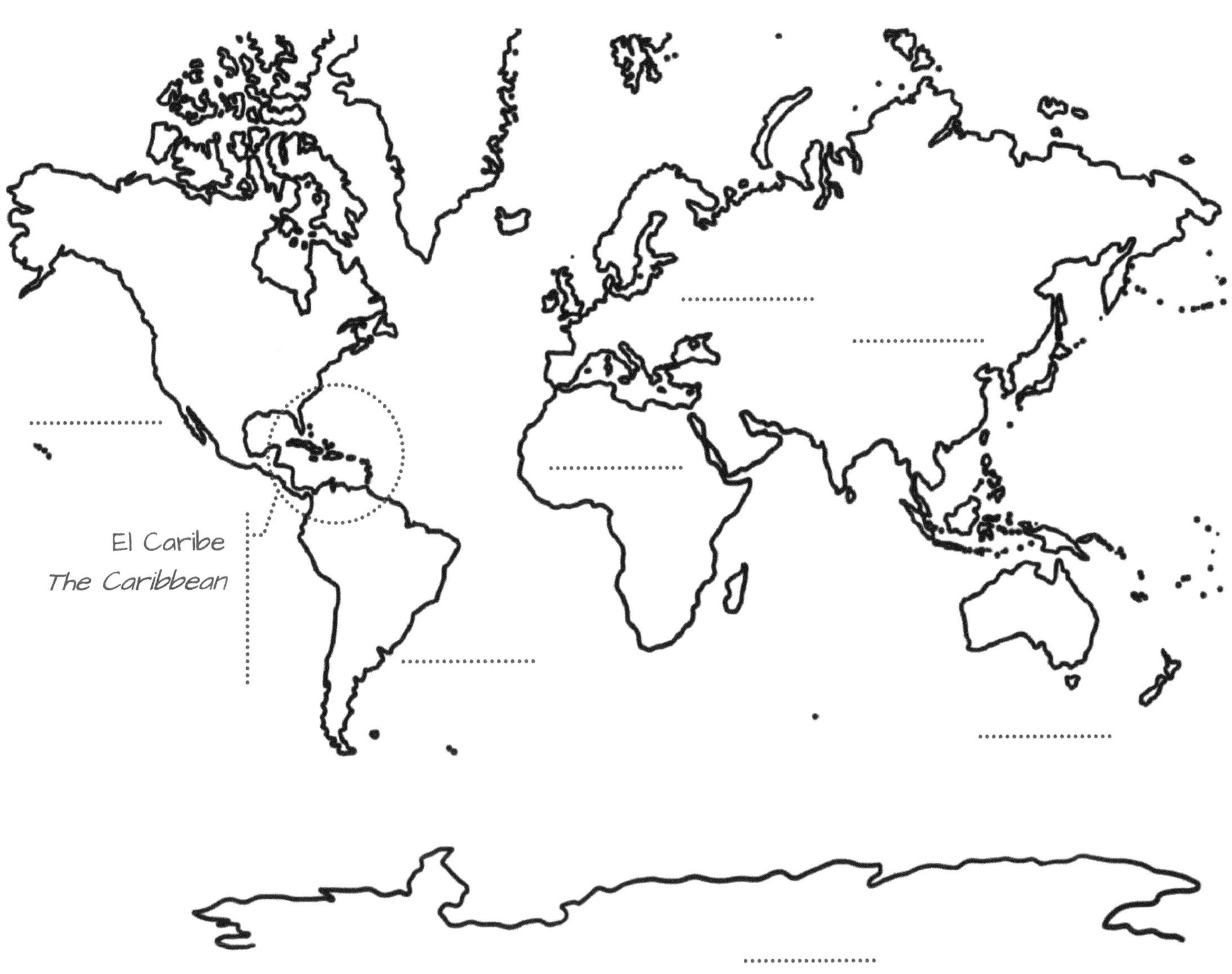

Los continentes del Planeta Tierra

The Continents of Planet Earth

¿Puedes nombrar los continentes?

Can you name all the continents?

El caribe
The Caribbean

¿Cuáles son las Antillas Mayores y Menores?

Which ones are the Greater and Lesser Antilles?

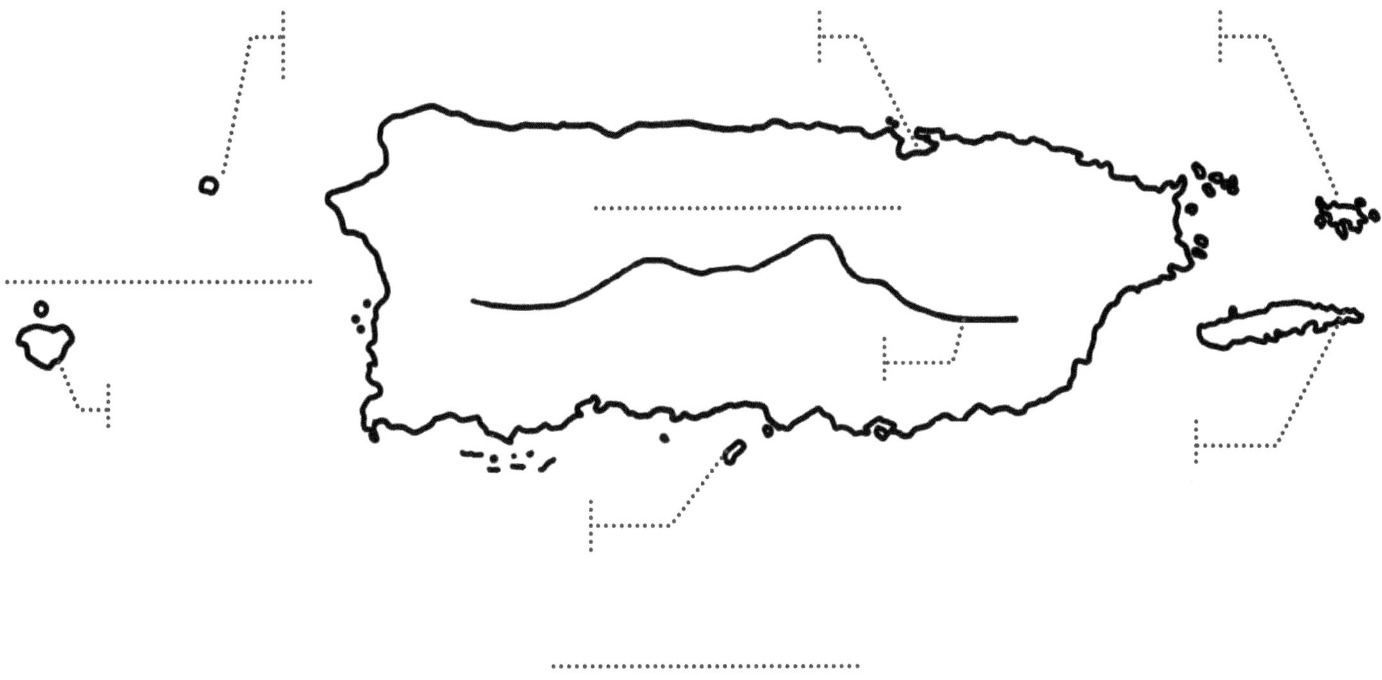

1. Bahia de San Juan - *San Juan Bay*
2. Caja de Muertos
3. Cordillera Central
4. Culebra
5. Desecheo
6. Mona & Monito
7. Océano Atlántico - *Atlantic Ocean*
8. Pasaje de la Mona - *The Mona Passage*
9. Mar Caribe - *Caribbean Sea*
10. Puerto Rico
11. Vieques

El archipiélago de Puerto Rico
The Archipelago of Puerto Rico

Nombra las islas principales y cuerpos de aguas alrededor de Puerto Rico utilizando la lista.

Using the list, name the principal islands and bodies of water surrounding Puerto Rico.

Placas tectónicas del Caribe

Tectonic Plates of the Caribbean

Escribe los nombres de las placas tectónicas.

Write the names of the tectonic plates.

Historia
History

La historia de Puerto Rico comienza hace unos 250 millones de años con la formación de los continentes de la Tierra. Cuando Cristóbal Colón descubiró a Puerto Rico en 1493, la isla estaba habitada por los indios taínos. Al traer al esclavo africano ocurre la mexcla de tres razas y nacen los puertorriqueños. En 1898 los Estados Unidos de America adquiere a Puerto Rico luego de una guerra con España. Hoy el archipiélago se conoce como el Estado Libre Asociado de Puerto Rico.

The history of Puerto Rico starts 250 millions of years ago with the formation of the continents. When Christopher Columbus discovered Puerto Rico in 1493, the island was populated by the Taíno Indians. After the forced migration of the African slaves, the mix of three races took place, giving birth to the Puerto Rican people. In 1898 the United States of America acquired Puerto Rico after a war against Spain. Today the island is known as the Commonwealth of Puerto Rico.

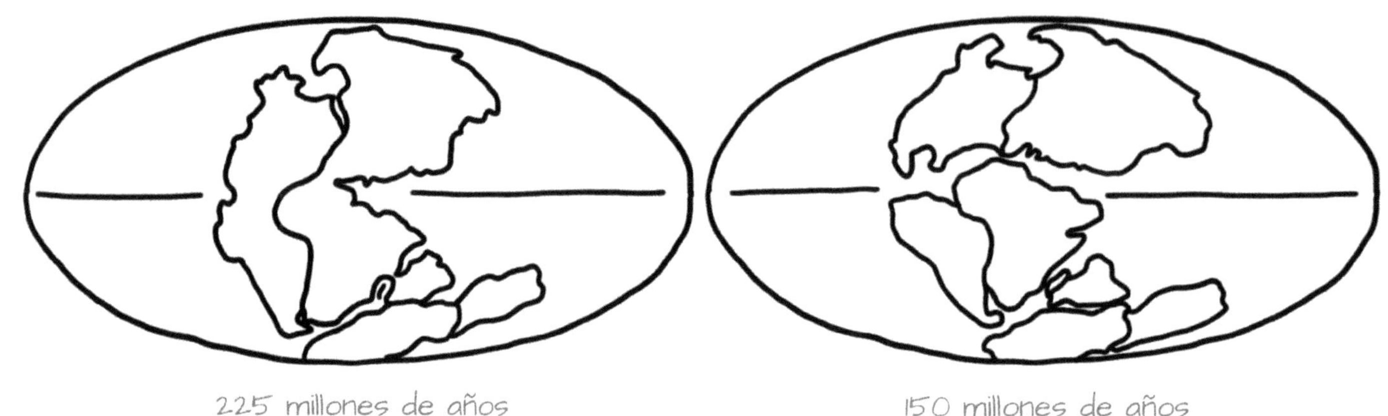

225 millones de años
225 million years ago

150 millones de años
150 million years ago

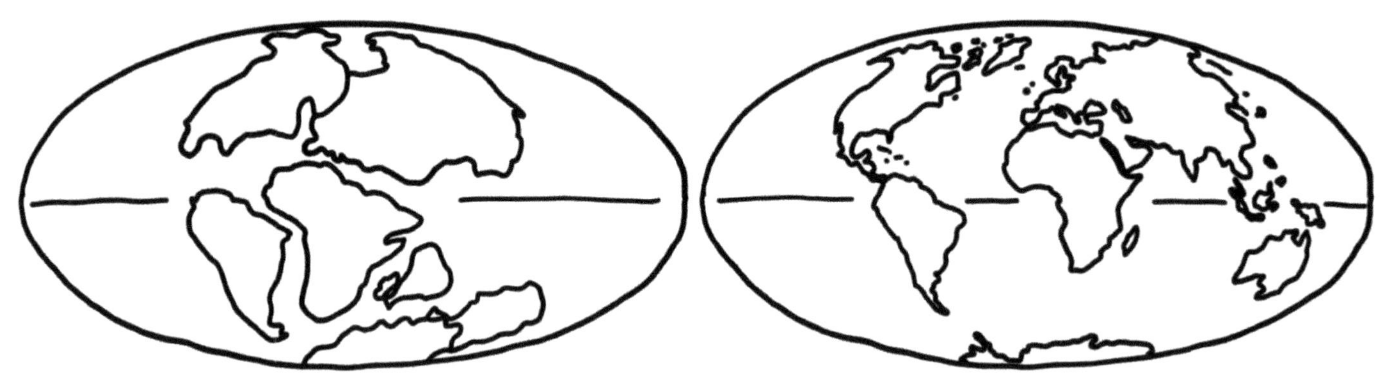

225 millones de años
225 million years ago

150 millones de años
150 million years ago

El proceso de formación de los continentes
The Formation of the Continents

Los continentes durante su proceso de formación.
The continents during their formation.

Los indios **taínos** fueron los últimos habitantes indígenas de Puerto Rico. Ellos le llamaron a la isla **Borikén**, que en español significa "tierra de valientes señores."

Borikén estaba dividido en **yukayekes** o aldeas. Cada **yukayeke** tenía como líder social y espiritual a un **cacique**. Los indios taínos vivían en casas de pajas llamadas **bohíos** alrededor del **batey** o plaza central. El **cacique** vivía en el **caney** o **bohío** más grande.

Los indios **taínos** vivían una vida sencilla dedicada a la caza, la pesca, la agricultura y los rituales religiosos llamados **areítos**. De tiempo en tiempo otras tribus del caribe intentan invadir a **Borikén** pero los indios taínos siempre la defendían valientemente.

*The **Taíno** Indians were the last group of indigenous people to populate Puerto Rico. They called it **Borikén**, which in English means "land of the brave men."*

*Borikén was divided into **yukayekes**, or villages. Each **yucayeke** had a **cacique** as the spiritual and social leader of the tribe. The Taíno Indians lived in wicker houses called **bohíos** built around the **batey,** or public square. The **cacique** lived in the largest bohío, called **caney**.*

*The **Taíno** Indians lived a simple life dedicated to hunting, fishing, agriculture, and religious rituals called **areítos**. Once in a while, other tribes from the Caribbean tried to invade **Borikén**, but the Taínos always bravely defended their territory.*

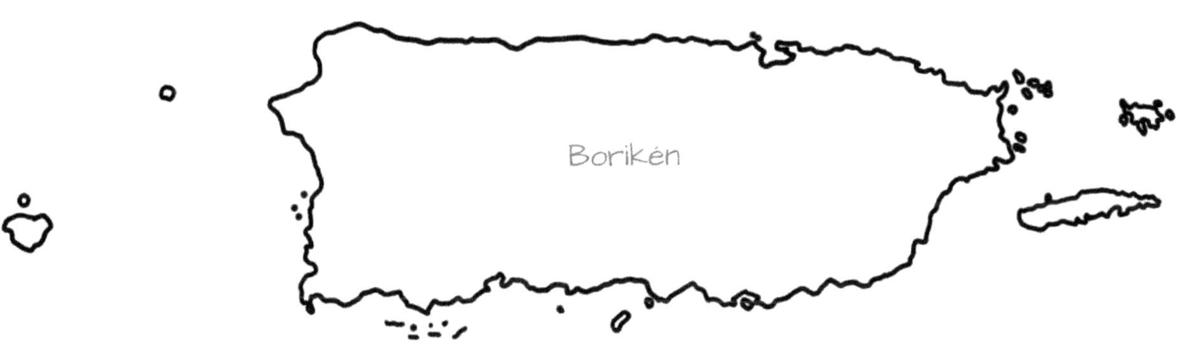

Las islas de Borikén

The Borikén Islands

Niño taíno
Taíno Boy

Niña taína
Taíno Girl

El yukayeke taíno

A Taíno Village

Nombre del yukayeke (Nombre del cacique)
Yukayeke's Name (Cacique's Name)

1. Abacoa (Arasibo)
2. Amona
3. Aymaco (Amamón)
4. Bieke
5. Bayamón (Majagua)
6. Cayniabón (Canóbana)
7. Cubuy (Caguax)
8. Turabo (Caguax)
9. Daguao (Yukibo)
10. Guajataca (Mabodamaca)
11. Guama (Agüeybana)
12. Guania (Agüeybana)
13. Abeyno (Agüeybana)
14. Guayama (Guamaní)
15. Guayaney (Guaraca)
16. Guaynabo (Mabó)
17. Haimanio (Yuisa)
18. Jatobonico (Orocobix)
19. Macao (Jumaca)
20. Otoao (Guarionex)
21. Sibuco (Guacabo)
22. Toa (Aramana)
23. Yagüecax (Urayoán)

Los yukayekes o aldeas de Borikén
Borikén's Yukayekes, or Villages

Utilizando los nombres de la lista identifica los yucayekes en el mapa.
Using the names on the list, identify the yucayekes on the map.

areito

caney

bohío

taínos

cacique

yucayeke

El vocabulario taíno
Taíno Vocabulary

Utiliza las páginas anteriores para escribir las definiciones de estas palabras.
Use the previous pages to write the definitions of the words above.

dujo - silla del cacique
dujo - cacique's chair

cemí - ídolo religioso
cemí - religious idol

guayo

buren

utensilios de cocina
cooking utensils

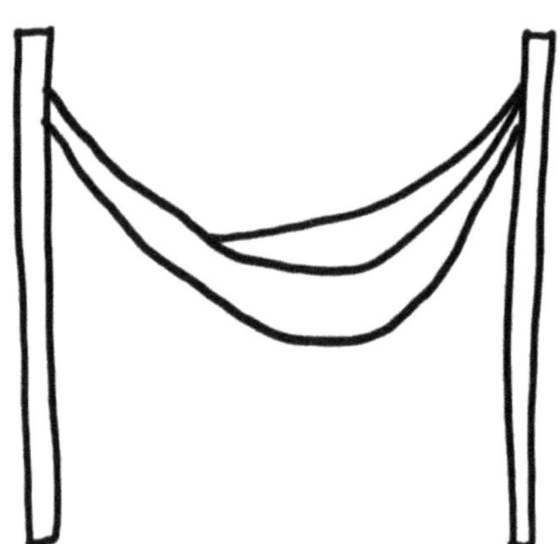

hamaca
hammock

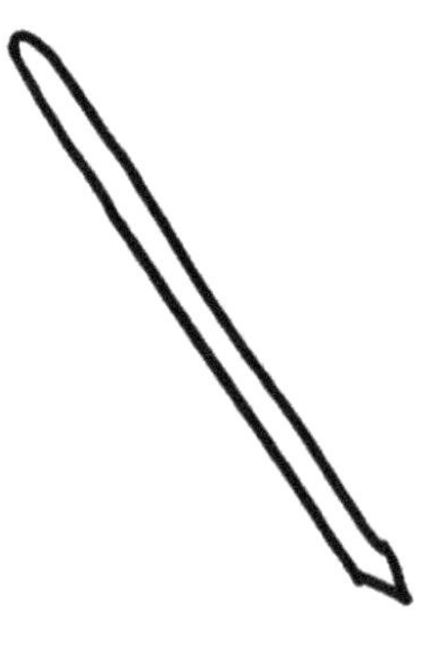

coa - utensilio de pesca
coa - fishing tool

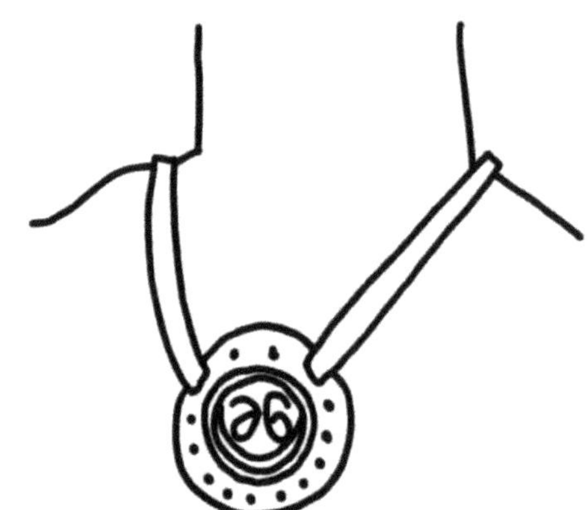

Guanín - collar del cacique
Guanín - cacique's necklace

Herencia taína
Taíno Heritage

Algunos artículos de herencia taína
Some items of Taíno origin

En su segundo viaje de exploración auspiciado por los Reyes Católicos de España, Cristóbal Colón descubrió a **Borikén**. El la llamó **San Juan Bautista**.

Los indios taínos intentaron defender su territorio pero no les fue posible ya que los españoles tenían recursos y destrezas de los más avanzadas. Muchos taínos murieron y los que sobrevivieron fueron obligados a renunciar a su forma de vida y adoptar el modo de vida español y la religión católica. Los indios taínos trabajaron como esclavos para los conquistadores españoles en agricultura, ganadería y minería.

*In his second voyage sponsored by the Catholic Monarchs of Spain, Christopher Columbus discovered **Borikén**. He called it **San Juan Baustista**, or in English, **Saint John the Baptist**.*

The Taíno Indians tried to defend their island, but it was impossible. The resources and skills of the Spanish were far more advanced. Many Taínos died, and all the survivors were obligated to change their way of life by adopting the Spanish lifestyle and the Catholic religion.

The Taíno Indians worked for the Spanish conquerors as slaves in agriculture, raising cattle, and mining.

Cristóbal Colón descubre a Borikén
Christopher Columbus Discovers Borikén

Niño español
Spanish Boy

Niña española
Spanish Girl

El asentamiento español

A Spanish Settlement

citricos y otras frutas
citrus and other fruits

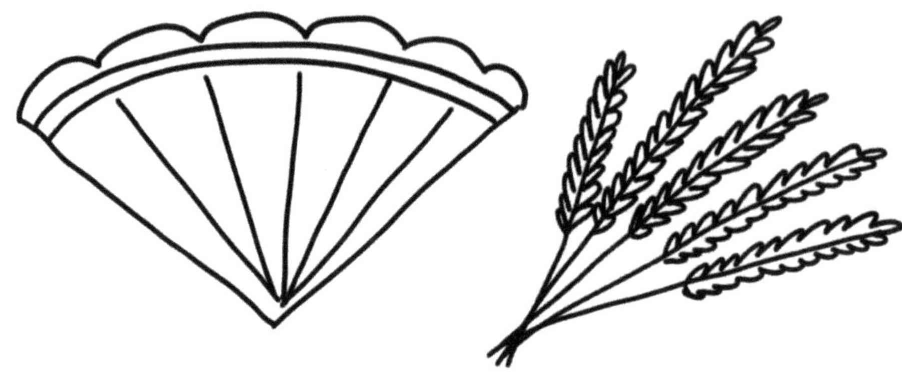

abanico de mano
hand fan

trigo y otros granos
wheat and other grains

ganado y otros animales
cattle and other animals

maquinaria
machinery

armaduras
armor and shields

Herencia española
Spanish Heritage

Algunos articulos de herencia española
Some items of Spanish origin

En el siglo XV, los colonos españoles en América necesitaban mano de obra adicional para la agricultura así comenzaron a comprar injustamente personas africanas como esclavos trayéndolos a América en contra de su voluntad.

Durante esta época la isla adquiere el nombre de **Puerto Rico**.

In the 15th century, the Spanish landlords in America were in need of a larger agriculture workforce. Unjustly, they started to buy people from Africa, bringing them, against their wishes, to America..

*During this time, the island acquired the name **Puerto Rico**, which in English means "rich port."*

La trata de esclavos africanos
The African Slave Trade

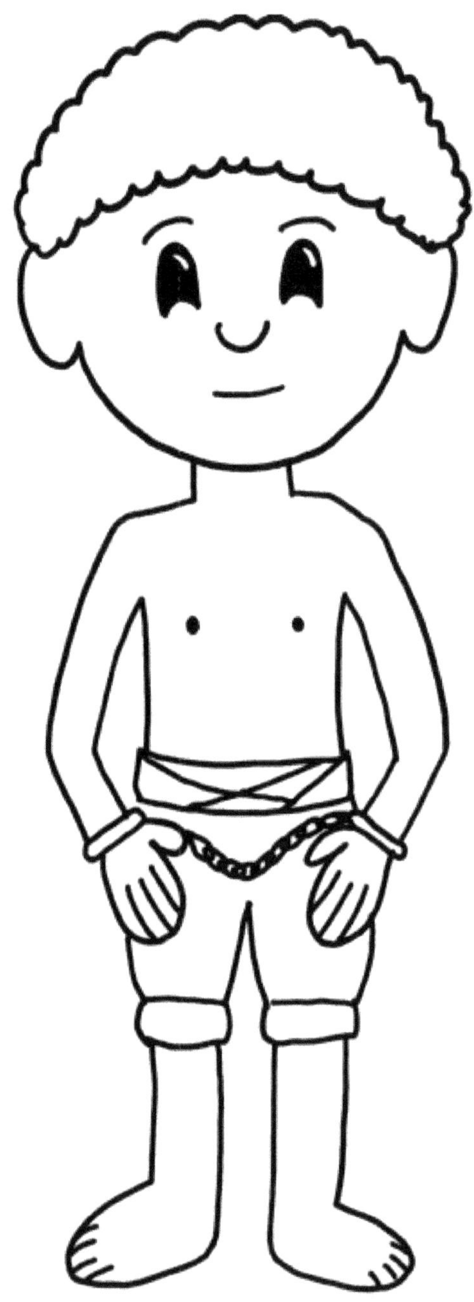

Niño esclavo africano
African Slave Boy

Niña esclava africana
African Slave Girl

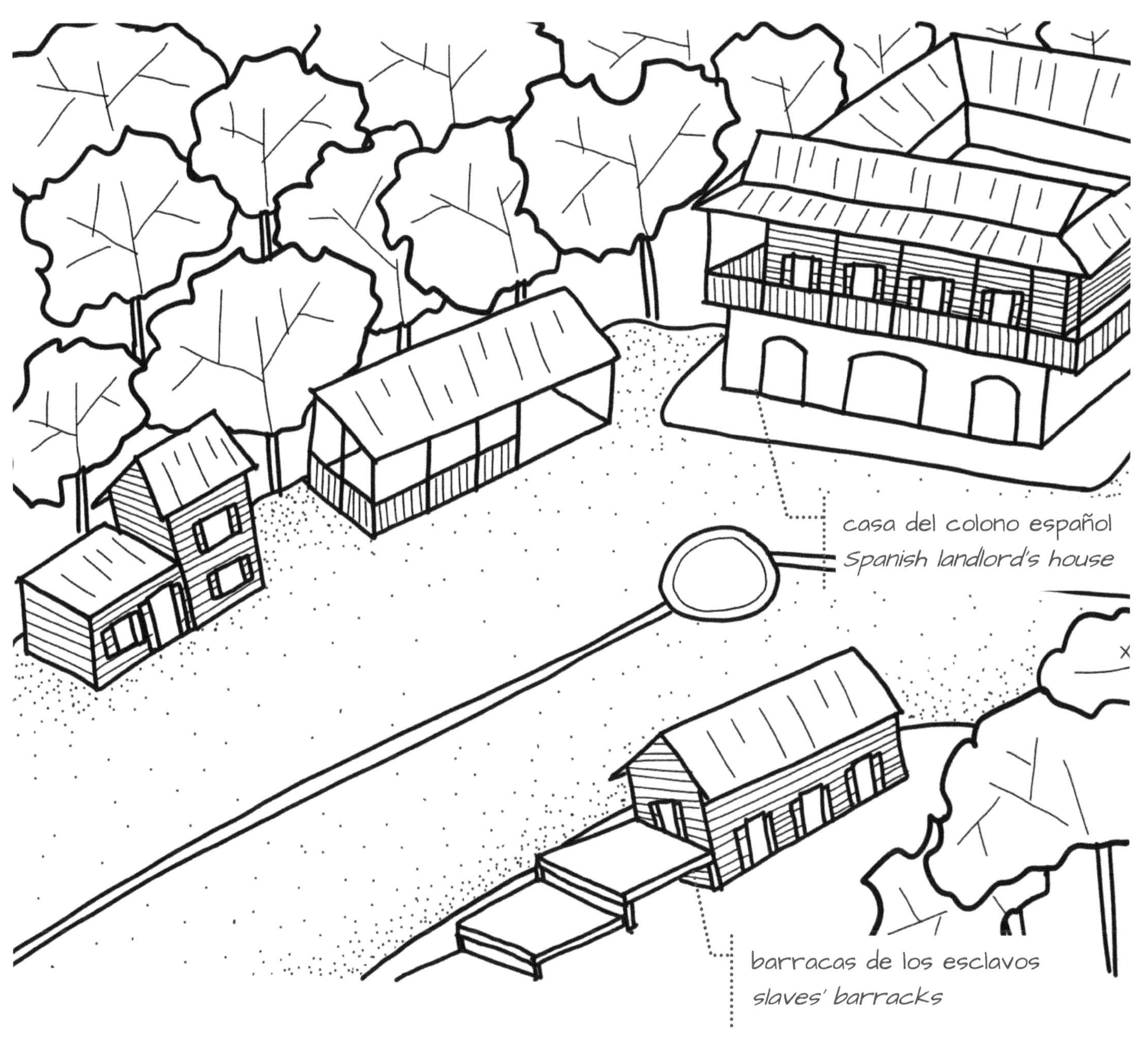

La hacienda de café
A Coffee Plantation

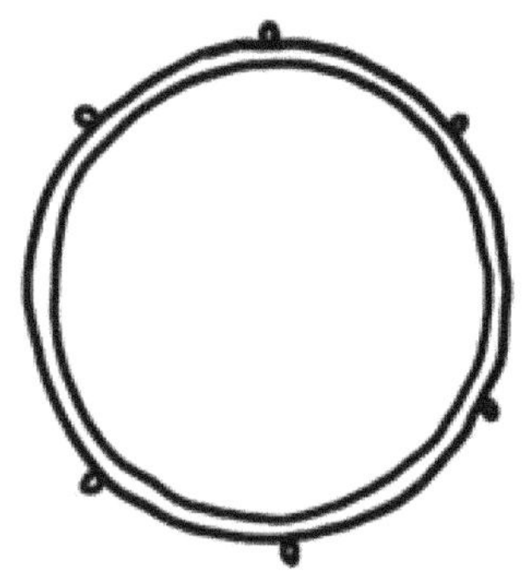

panderos
hand drums

maracas
maracas

máscaras africanas
African masks

canastas de paja
wicker baskets

mbira - instrumento musical
mbira - musical instrument

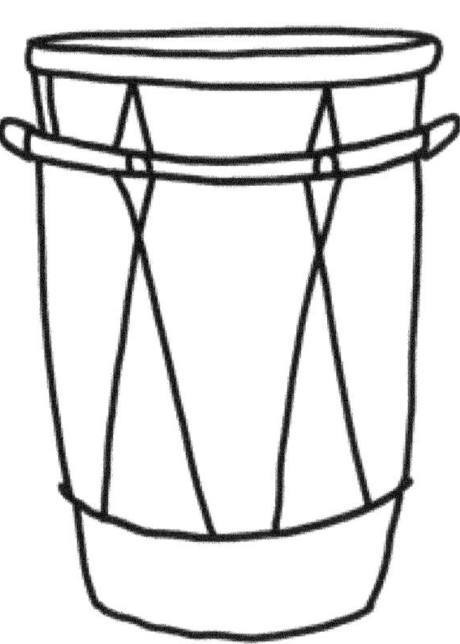

tambores
drums

Herencia africana
African Heritage

Algunos artículos de herencia africana
Some items of African origin

Raza indígena taína

Taíno Indigenous Race

+

Raza blanca española

White Spanish Race

+

Raza negra africana

Black African Race

Los puertorriqueños: una mezcla de razas
The Puerto Rican People: A Mix of Three Races

Los puertorriqueños son una mezcla de tres razas.
The Puerto Rican people are a mix of three races.

Niña taína
Taíno Girl

Niña española
Spanish Girl

Niña africana
African Girl

Niña puertorriqueña
Puerto Rican Girl

Niño taíno
Taíno Boy

Niño español
Spanish Boy

Niño africano
African Boy

Niño puertorriqueño
Puerto Rican Boy

Niño jíbaro
Puerto Rican Country Boy

Niña jíbara
Puerto Rican Country Girl

Comunidad campesina jíbara en la montaña

Rural Mountain Community

carreta
cart

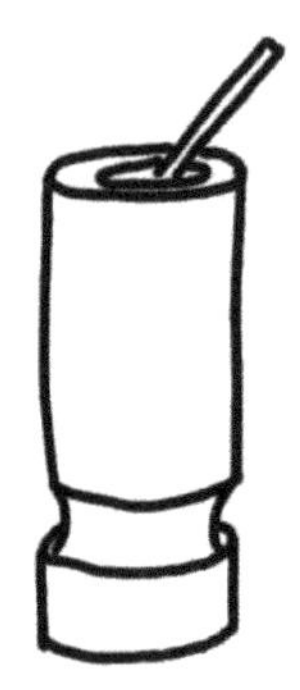

pilón
mortar & pestle

quinqué
oil lamp

pava
straw hat

cuatro puertorriqueño
Puerto Rican cuatro

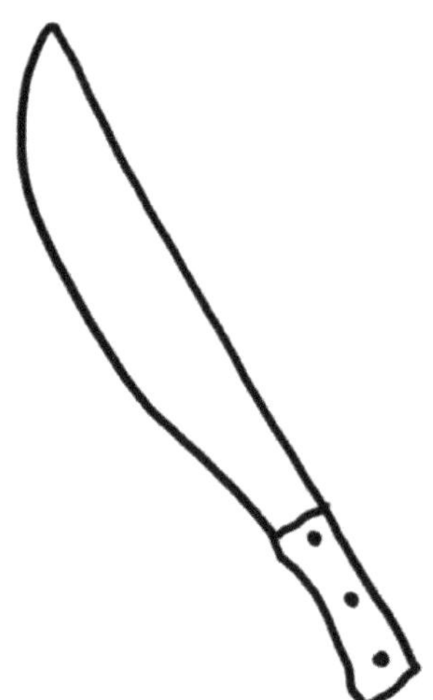

machete
machete

Herencia jíbara
Rural Heritage

Algunos artículos de herencia jíbara
Some items of rural heritage

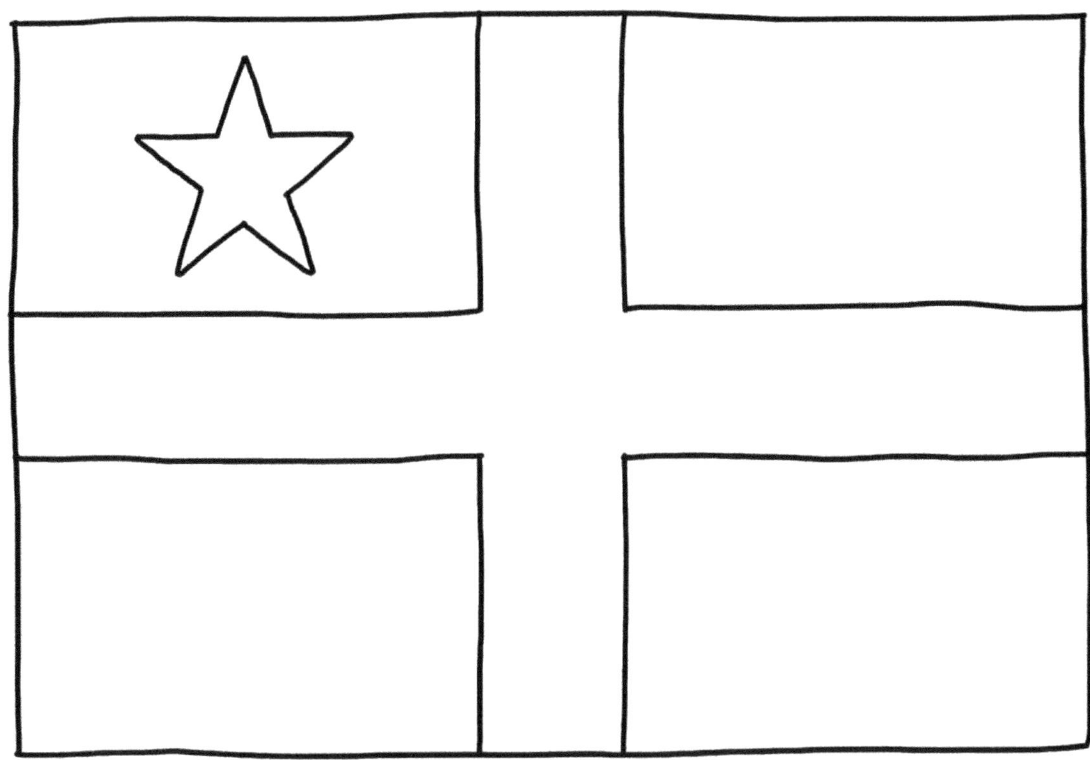

Bandera del "Grito de Lares"
The "Grito de Lares" Flag

El Grito de Lares
The Lares Rebellion

Una revuelta y corta declaración de independencia de España el 23 de septiembre de 1868.
A revolt and short-lived declaration of independence from Spain on September 23, 1868.

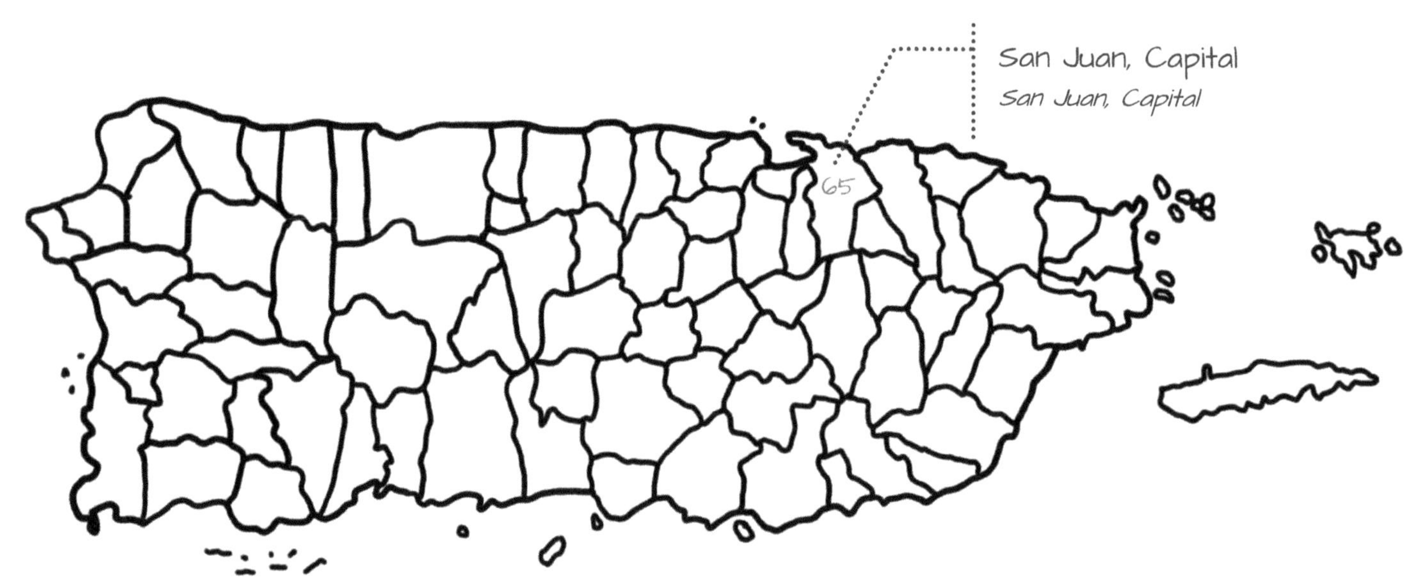

Los municipios de Puerto Rico
The Municipalities of Puerto Rico

Usando los nombres de la siguiente página, identifica los municipios.
Using the names on the following page, identify the municipalities.

G-203

1. Adjuntas
2. Aguada
3. Aguadilla
4. Aguas Buenas
5. Aibonito
6. Añasco
7. Arecibo
8. Arroyo
9. Barceloneta
10. Barranquitas
11. Bayamón
12. Cabo Rojo
13. Caguas
14. Camuy
15. Canóvanas
16. Carolina
17. Cataño
18. Cayey
19. Ceiba
20. Ciales
21. Cidra
22. Coamo
23. Comerío
24. Corozal
25. Culebra
26. Dorado
27. Fajardo
28. Florida
29. Guánica
30. Guayama
31. Guayanilla
32. Guaynabo
33. Gurabo
34. Hatillo
35. Hormigueros
36. Humacao
37. Isabela
38. Jayuya
39. Juana Díaz
40. Juncos
41. Lajas
42. Lares
43. Las Marías
44. Las Piedras
45. Loíza
46. Luquillo
47. Manatí
48. Maricao
49. Maunabo
50. Mayagüez
51. Moca
52. Morovis
53. Naguabo
54. Naranjito
55. Orocovis
56. Patillas
57. Peñuelas
58. Ponce
59. Quebradillas
60. Rincón
61. Río Grande
62. Sabana Grande
63. Salinas
64. San Germán
65. **San Juan**
66. San Lorenzo
67. San Sebastián
68. Santa Isabel
69. Toa Alta
70. Toa Baja
71. Trujillo Alto
72. Utuado
73. Vega Alta
74. Vega Baja
75. Vieques
76. Villalba
77. Yabucoa
78. Yauco

En 1898, los Estados Unidos adquiere el archipiélago de **Puerto Rico** bajo el Tratado de Paris. Luego de haberle ganado la guerra a España. Desde entonces, **Puerto Rico** forma parte de los Estados Unidos como territorio.

*In 1898, United States, under the Paris Treaty, acquired the archipelago of **Puerto Rico**, after winning a war against Spain. Since then, **Puerto Rico** has been a territory of the United States.*

Los Estados Unidos de América adquire a Puerto Rico
The United States of America Acquires Puerto Rico

El Tratado de Paris

The Paris Treaty

La Ley Foraker

The Foraker Act

La Ley Jones

The Jones Act

Leyes importantes

Important Laws

Explora y escribe la importancia de estas leyes.

Explore and write about the importance of the these laws.

La constitución El Estado Libre Asociado de Puerto Rico

The Constitution of the Commonwealth of Puerto Rico

25 de julio de 1952

July 25th, 1952

La constitución

The Constitution

La constitución de Puerto Rico fue establecida el 25 de julio de 1952.

On July 25th, 1952, the Constitution of Puerto Rico was established.

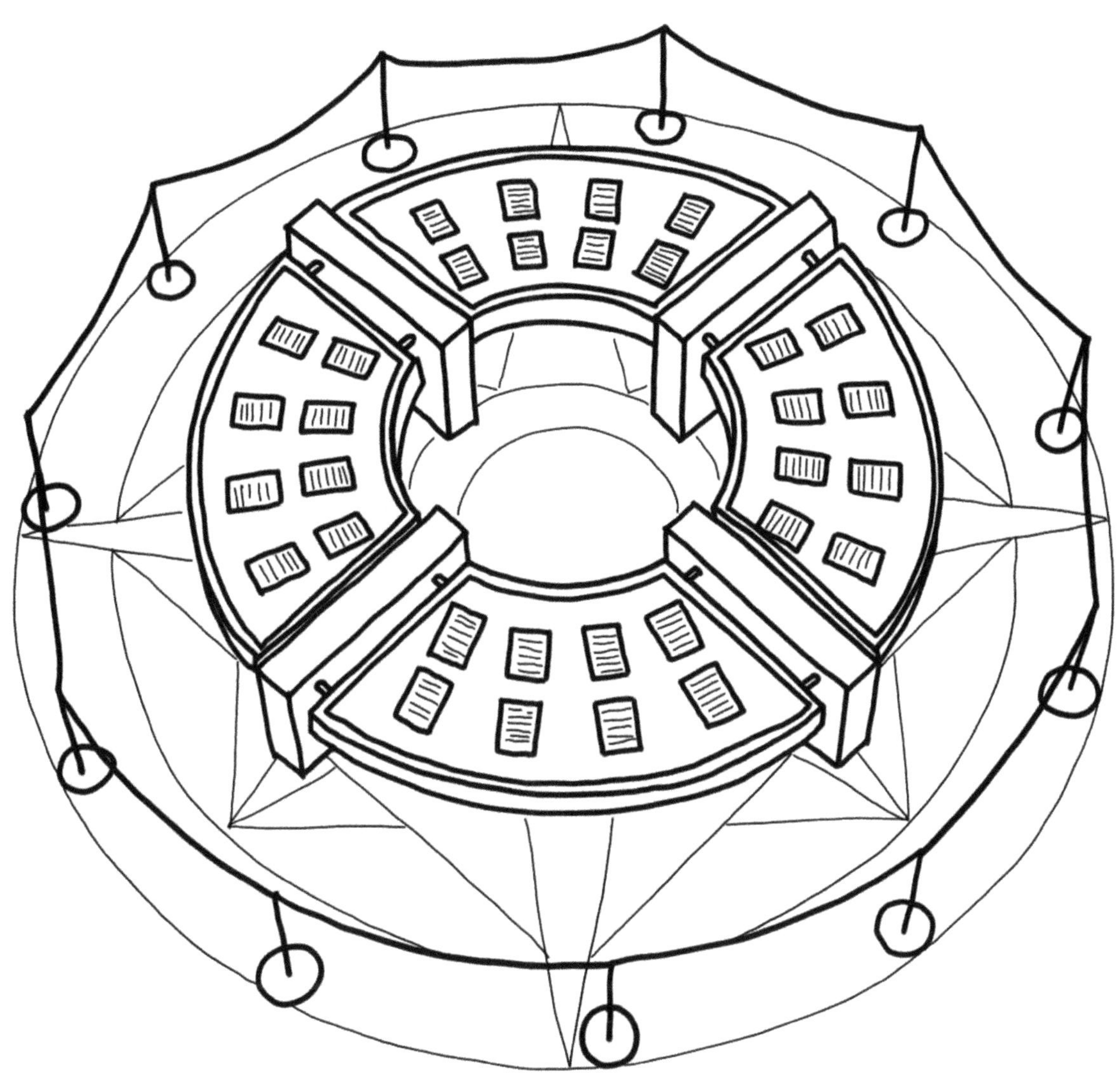

La constitución

The Constitution

La constitución de Puerto Rico siendo expuesta en el atrio central del Capitolio.

The Consitution of Puerto Rico is exhibited in the central atrium of the Capitol Building.

1493 En su segundo viaje a América, el almirante Cristóbal Colón descubre a **Borikén** y lo reclama como propiedad de España. En ese momento **Borikén** estaba habitado por los indios taínos. Colón llama las Islas **San Juan Bautista.**
During his second trip to America, the voyager Christopher Columbus discovers ***Borikén*** *and claims it for Spain. At the time of the discovery, the Taínos indigenous people populate* ***Borikén****. Columbus named the islands* ***San Juan Bautista.***

1508 Comienzan los asentamientos españoles y llega el explorador español Juan Ponce de León a **San Juan Bautista.**
Spanish settlement begins, and Spanish explorer Juan Ponce de León arrives on ***San Juan Bautista.***

1510 Llegan los primeros esclavos africanos a **San Juan Baustista.**
First African slaves arrive in ***San Juan Bautista.***

1520 El gobierno español le cambia el nombre de **San Juan Bautista** a **Puerto Rico.**
The Spanish government changes the name from **San Juan Bautista** to **Puerto Rico.**

1898 Los Estados Unidos de América le declaran la guerra a España.
The United States of America declares war on Spain.

Al final de la guerra entre España y Estado Unidos y bajo el Tratado de Paris, Estados Unidos adquiere a **Puerto Rico.**
At the end of the Spanish American War, and under the Treaty of Paris, the United States acquires ***Puerto Rico.***

Línea de tiempo
Timeline

Línea de tiempo general de la historia de Puerto Rico
General timeline of Puerto Rican history

1900 El congreso de Estados Unidos establece un gobierno civil en **Puerto Rico** bajo la Ley Foraker. Estados Unidos mantiene un estricto control sobre los asuntos de las islas.
*The Congress of the United States institutes a civilian government in **Puerto Rico** under the Foraker Act. US maintains strict control over island's affairs.*

1917 La ley Jones le garantiza la ciudadanía estadounidense a los puertorriqueños.
The Jones Act grants United States citizenship to Puerto Ricans.

1946 Estados Unidos nombra a Jesús T. Piñero como gobernador de Puerto Rico.
United States appoints Jesus T. Piñero as Puerto Rico's governor.

1947 El congreso de Estados Unidos aprueba para **Puerto Rico** un autogobierno parcial y permiten a los puertorriqueños elegir su gobernador.
*The congress of United States grants **Puerto Rico** a partial self-government, enabling Puerto Ricans to elect their own governor.*

1948 Luis Muñoz Marín se convierte en el primer gobernador elegido por el voto popular.
Luis Muñoz Marín becomes the first governor elected by popular vote.

1950 El Presidente Truman aprueba un proyecto de ley para la creación del Estado Libre Asociado de Puerto Rico, abriendo paso para la constitución de **Puerto Rico**.
*President Truman signs the Puerto Rico Commonwealth Bill, paving the way for a **Puerto Rican** constitution.*

1952 Se crea la constitucion de **El Estado Libre Asociado de Puerto Rico.**
*The Constitution of the **Commonwealth of Puerto Rico** is proclaimed.*

Línea de tiempo
Timeline

Línea de tiempo general de la historia de Puerto Rico
General timeline of Puerto Rican history

Año	**Evento**
Year	*Event*
	1.
	2.
	3.
	4.
	5.

Línea de tiempo
Timeline

Explora y escribe otros cinco eventos históricos.
Explore and write about five historical events.

Simbolos Nacionales
National Symbols

Los símbolos nacionales son la representacion graphica de un país. Siendo el Estado Libre Asociado de Puerto Rico un territorio de los Estados Unidos de América, cuenta con doble cantidad de símbolos naciones: los puertorriqueños y los estadounidenses.

National symbols are the graphic representation of a country. The Commonwealth of Puerto Rico is a territory of the United States of America. Therefore they have double the amount of national symbols: Puerto Rican symbols and American symbols.

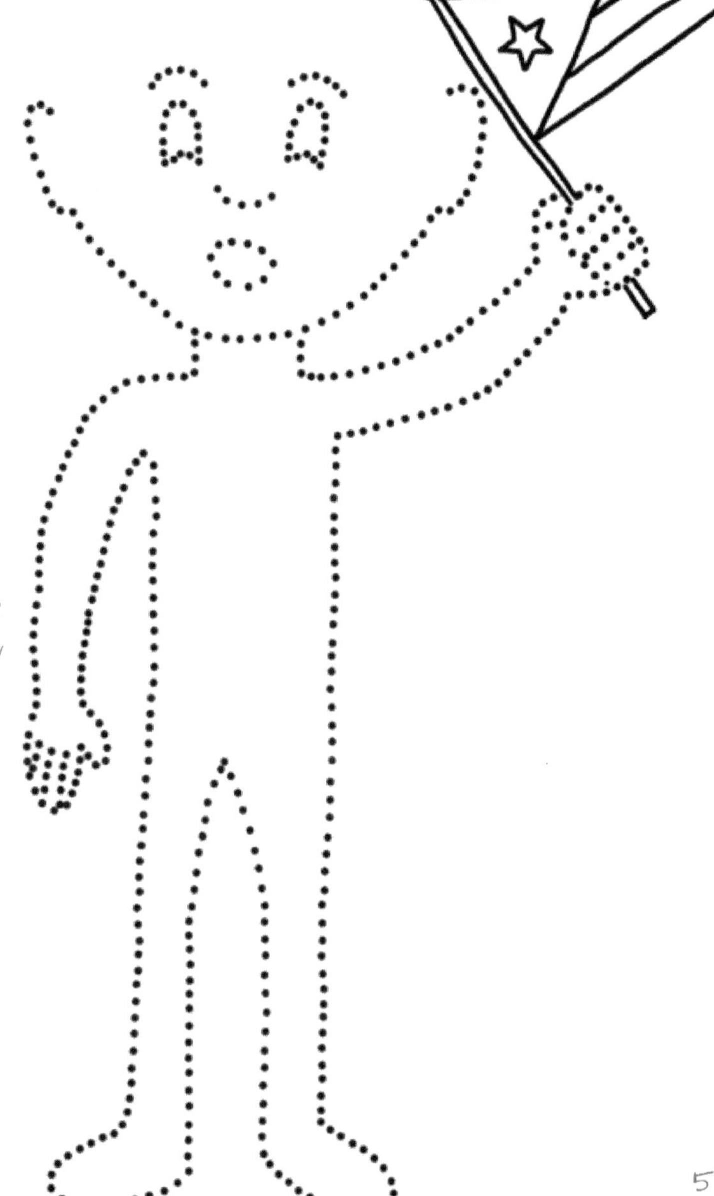

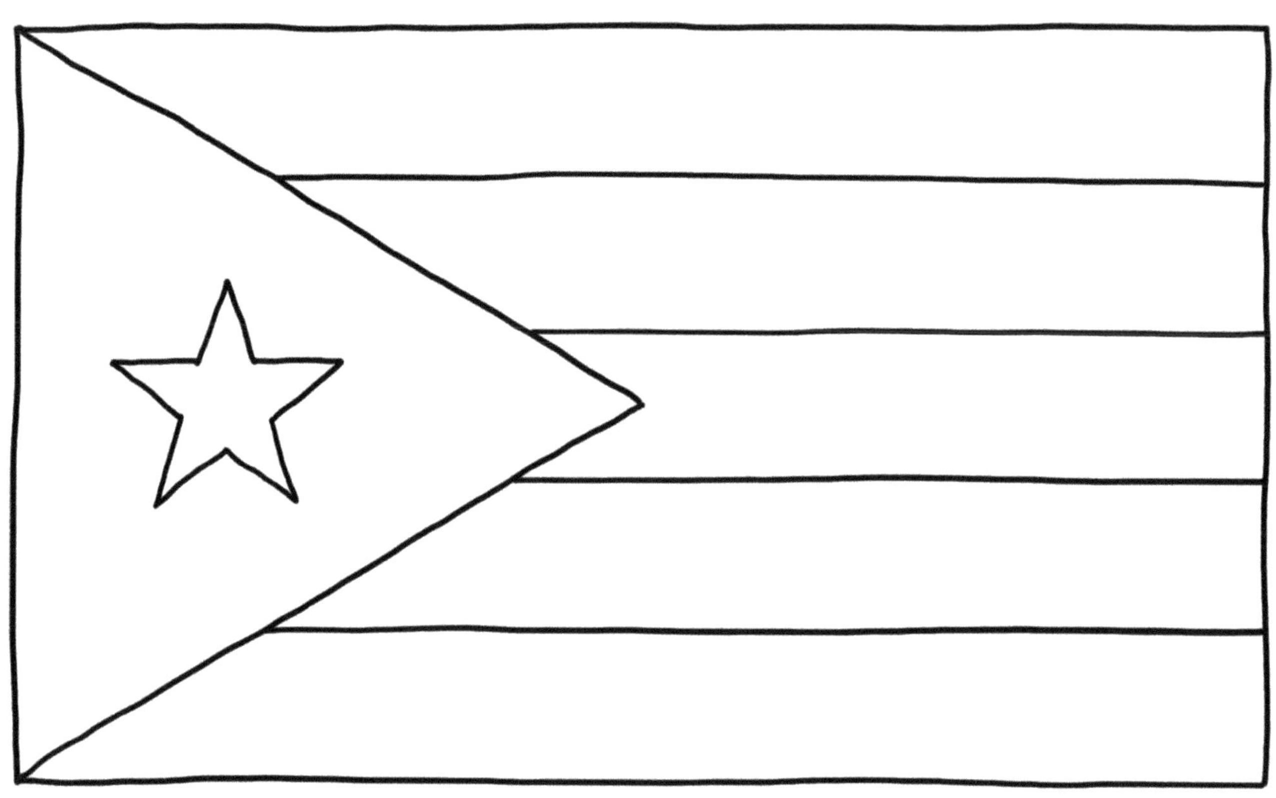

La bandera del Estado Libre Asociado de Puerto Rico

The Flag of the Commonwealth of Puerto Rico

Colorea la bandera, no te olvides de utilizar el color azul cielo en el triángulo.

Color the flag. Don't forget to use the color sky blue on the triangle.

La bandera de los Estados Unidos de América

The Flag of the United States of America

Colorea la bandera.

Color the flag.

La Borinqueña

Manuel Fernández Juncos, 1903

La tierra de Borinquen
donde he nacido yo
es un jardín florido
de mágico primor.
Un cielo siempre nítido
le sirve de dosel.
Y dan arrullos plácidos
las olas a sus pies.
Cuando a sus playas llegó Colón;
Exclamó lleno de admiración;
"¡Oh!, ¡oh!, ¡oh!,
Esta es la linda tierra
que busco yo."
Es Borinquen la hija,
la hija del mar y el sol,
Del mar y el sol,
Del mar y el sol,
Del mar y el sol,
Del mar y el sol.

EL himno nacional del Estado Libre Asociado de Puerto Rico
The National Anthem of the Commonwealth of Puerto Rico

Escucha el himno nacional "La Borinqueña."
Listen to the national anthem "La Borinqueña."

The Star-Spangled Banner

The lyrics come from poem "Defence of Fort M'Henry" by Francis Scott Key, 1814.

Oh, say! can you see by the dawn's early light
What so proudly we hailed at the twilight's last gleaming;
Whose broad stripes and bright stars, through the perilous fight,
O'er the ramparts we watched were so gallantly streaming?
And the rocket's red glare, the bombs bursting in air,
Gave proof through the night that our flag was still there.
Oh, say! does that star-spangled banner yet wave
O'er the land of the free and the home of the brave.

El himno nacional de los Estados Unidos de América
The National Anthem of the United States of America

Escucha el himno nacional "The Star-Spangled Banner."
Listen to the national anthem "The Star-Spangled Banner."

El escudo del Estado Libre Asociado de Puerto Rico

The Shield of the Commonwealth of Puerto Rico

Explora y escribe acerca de su significado.

Explore and write about its meaning.

El gran sello de los Estados Unidos de América

The Great Seal of the United States of America

Explora y escribe acerca de su significado.

Explore and write about its meaning.

La flor de maga, flor nacional de Puerto Rico
The Maga Flower, Puerto Rico's National Flower

Dibuja la flor nacional de Puerto Rico

Make a drawing of Puerto Rico's national flower.

Gobierno
Government

El gobierno es la institución que dirige los asuntos de un país. El gobierno del Estado Libre Asociado de Puerto Rico, al igual que el gobierno de los Estados Unidos de América tiene tres ramas: la ejecutiva, la legislativa y la judicial.

The government is the institution that directs the affairs of a country. The government of the Commonwealth of Puerto Rico, just like the government of the United States of America, has three branches: the executive, the legislative, and the judicial.

La Fortaleza: la casa de la rama la ejecutiva y del gobernador
The Fortaleza: home of the executive branch and the governor

Ejecutivo
Executive

El Capitolio: casa de la rama legislativa, el senado y la cámara de representantes
The Capitol Building: home of the legislative branch, Senate, and House of Representatives

Legislativo
Legislative

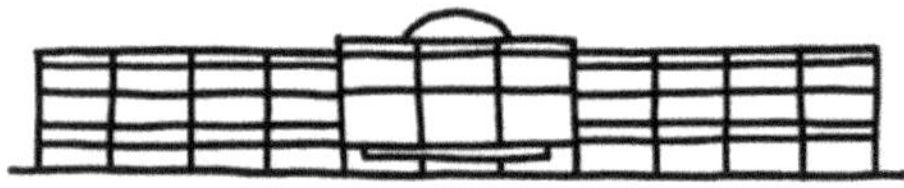

El Edificio del Tribunal Supremo, casa de la rama judicial
The Supreme Court Building: home of the judicial branch

Judicial
Judicial

Las tres ramas del gobierno de Puerto Rico
The Three Branches of the Government of Puerto Rico

Explora y escribe la responsabilidad principal de cada rama de gobierno.
Explore and write the main responsibility of each government branch.

Elecciones
Elections

Las elecciones son la forma democrática de elegir a los líderes de un país. Cada cuatro años Puerto Rico celebra elecciones generales. Los adultos mayores de 18 años votan para elegir al gobernador, al comisionado residente, los senadores, los legisladores, y los alcaldes de los 78 municipios.

Elections are the democratic process of selecting the people that will lead the country. Every four years Puerto Rico holds general elections. Adults 18 years and older vote to elect the governor, the resident commissioner, the senators and representatives, and the mayors of the 78 municipalities.

1.

2.

3.

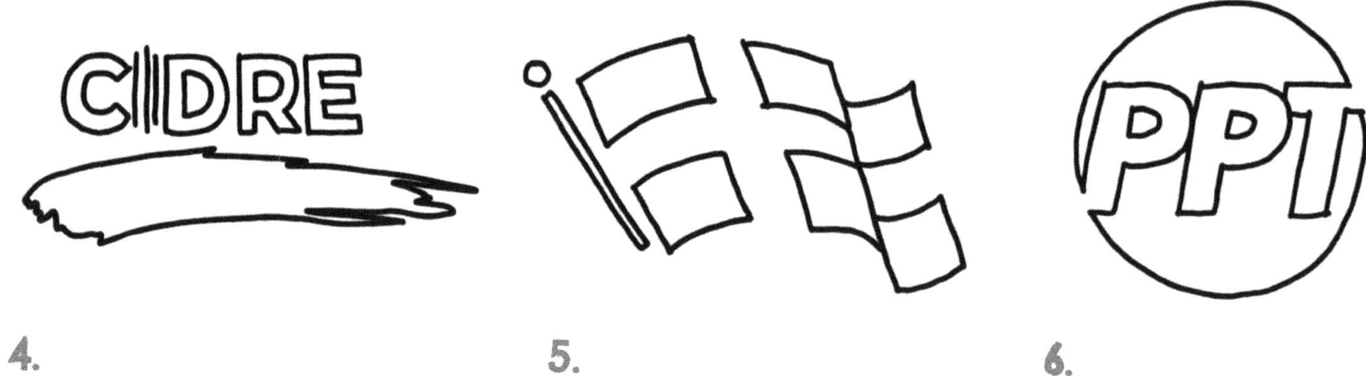

4.

5.

6.

Resultado de las elecciones del 2016
2016 Elections Results

Nombra los candidados y partidos en orden de votos obtenidos en las Elecciones del 2016.

Name the candidates and political parties in order of votes from the 2016 elections.

Gobernadores & líderes

Governors & Leaders

El gobernador es el líder del Estado Libre Asociado de Puerto Rico. La isla ha tenido once gobernadores desde su constitución La isla también ha tenido otros líderes cívicos, políticos y sociales importantes.

The governor is the leader of the Commonwealth of Puerto Rico. Since the establishment of its constitution, the island has had eleven governors, in addition to other important political, civic, and social leaders.

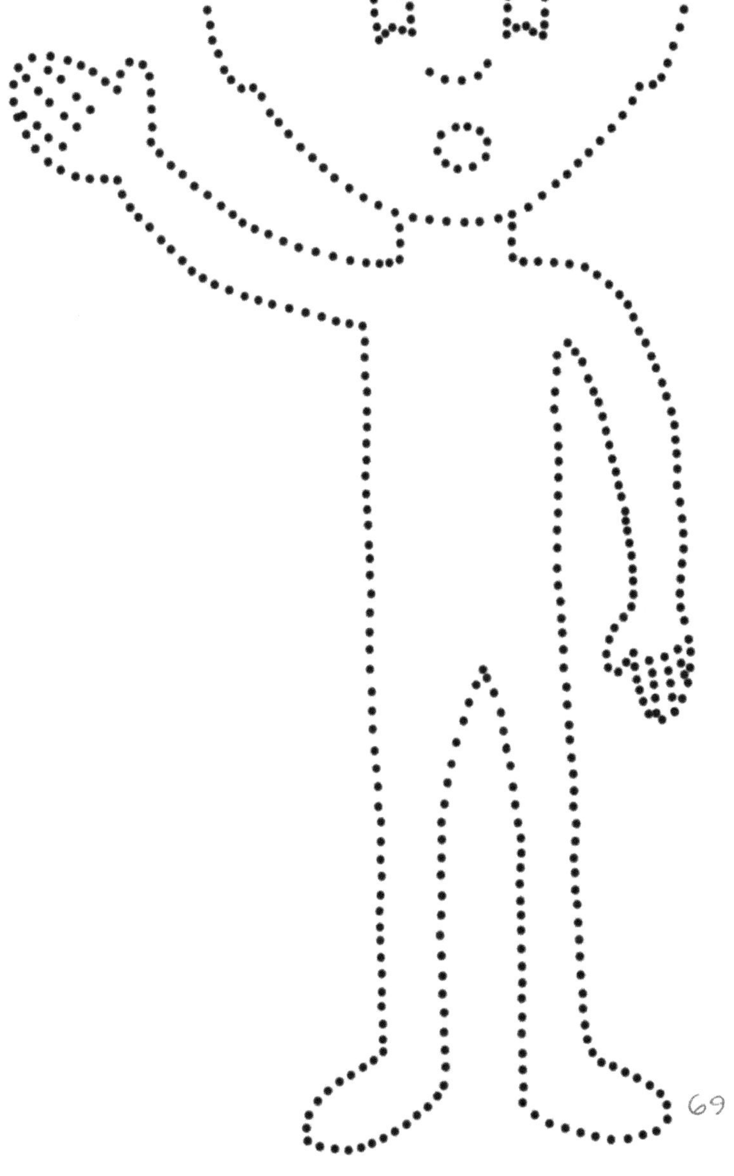

Luis Muñoz Marín

Roberto Sánchez Vilella

Luis A. Ferré

Rafael Hernández Colón

Los gobernadores del Estado Libre Asociado de Puerto Rico
The Governors of the Commonwealth of Puerto Rico

Explora la vida de los gobernadores y escribe sobre su legado.
Explore the lives of the governors and write about their legacy.

Carlos Romero Barceló

Pedro Rosselló

Sila María Calderón

Aníbal Acevedo Vilá

Luis Fortuño Burset

Alejandro García Padilla

Ricardo Rosselló Nevares

Rafael Hernández Marín

Mariana Bracetti

Eugenio María de Hostos

José de Diego

Los hombres y mujeres Ilustres de Puerto Rico
Important Leaders of Puerto Rico

Explora la vida de estos hombres y mujeres illustres y escribe sobre su legado.
Explore the lives of these important leaders and write about their legacy.

María Luisa Arcelay de la Roca

Ramón Emeterio Betánces

Luis Muñoz Rivera

Pedro Albizu Campo

Los hombres y mujeres ilustres de Puerto Rico
Important Leaders of Puerto Rico

Explora la vida de estos hombres y mujeres illustres y escribe sobre su legado.

Explore the lives of these important leaders and write about their legacy.

Rafael Martínez Nadal

Lola Rodríguez de Tió

Julia de Burgos

Juan Mari Brás

Los hombres y mujeres ilustres de Puerto Rico
Important Leaders of Puerto Rico

Explora la vida de estos hombres y mujeres illustres y escribe sobre su legado.
Explore the lives of these important leaders and write about their legacy.

1.

2.

3.

4.

Lista de hombres y mujeres ilustres de Puerto Rico
List of Important Leaders of Puerto Rico

Escribe una lista de otros hombres y mujeres ilustres de Puerto Rico.
Write about other important leaders of Puerto Rico.

Idioma
Language

Utilizamos el idioma para comunicarnos oralmente y de forma escrita. En Puerto Rico habitan personas que hablan diversos idiomas, pero solo dos son los idiomas oficialès: el español y el inglés.

We use language to communicate orally and in writing. In Puerto Rico, people speak many different languages, but there are only two two are the official ones: Spanish and English.

përshëndetje 你好 ave

hola سلام bonjour

שלום dia dhuit olá

kamusta こんにちは hei

ciao مرحبا hello

hallo 안녕하세요 hej

Los idiomas hablados en Puerto Rico

Languages Spoken in Puerto Rico

La palabra "hola" escrita en diferentes idiomas. ¿Puedes reconocer alguno?

The word "hello" written in many languages.. Can you recognize any of them?

Moneda
Currency

La moneda es el sistema que utilizamos para hacer transacciones de compra y venta. Puerto Rico utiliza la moneda de los Estados Unidos de América: el dolar.

Currency is the money we use. Puerto Rico uses the currency of the United States: the dollar.

chavito prieto
penny

vellón
nickel

sencillo
dime

peseta
quarter

pesos o dólares

La moneda de los Estados Unidos de América
The Currency of the United States

Los centavos y dólares de la moneda de los Estados Unidos
Coins and denominations of United States currency

Religión
Religion

La religión es un sistema de creencias espirituales. En Puerto Rico hay personas que creen en diferentes religiones y también hay quienes son atéos o no creen en religión. La religión mas común en Puerto Rico es el cristianismo en sus denominaciones: católica y protestante.

Religion is a system of spiritual beliefs. In Puerto Rico there are people from all different faiths and also people who are atheists or don't follow a religion.
Christianity is the most common religion, in both denominations: Catholic and Protestant.

Religiones principales en Puerto Rico
Main Religions in Puerto Rico

Explora y aprende acerca de todas las religiones mencionadas.
Explore and learn about all the religions mentioned.

Clima
Climate

El archipiélago de Puerto Rico tiene un clima tropical, cálido y húmedo. Lo que significa que no hace mucho frío. Las temperaturas regulares son alrededor de los 80° farenheit pero usualmente se sienten mucho más caluroso debido a la humedad. Aunque llueve todo el año, Puerto Rico está expuesto a huracanes en los meses de agosto a noviembre. El último en pasar por el archipiélago fue el huracán María, un ciclón categoria 5.

The archipelago of Puerto Rico has a tropical climate, which is warm and humid. This means that it never gets cold. The average temperature is 80° Fahrenheit but, due to the humidity, it usually feels much warmer. Even though it rains all year round, Puerto Rico is exposed to hurricanes from August to November. The last hurricane to strike the archipelago was María, a storm Category 5.

Categorías de Huracán
Hurricane Categories

1.

2.

3.

4.

5.

El clima de Puerto Rico
Puerto Rico's Weather

Explora acerca de las categorias de los huracanes.
Explore about hurricane categories.

Recursos Naturales
Natural Resources

Los recursos naturales son los bienes que nos ofrece la naturaleza sin la intervención del hombre, Puerto Rico es rico en recursos naturales. En la archipiélago se puede encontrar una gran cantidad de flora y fauna así como hermosas cuevas, ríos, playas y un bosque tropical.

Natural resources are the goods that nature offers without human intervention. Puerto Rico is rich in natural resources. In the archipelago you can find a large variety of flora and fauna, as well as beautiful caves, rivers, beaches, and a rainforest.

flor de amapola
hibiscus flower

flor ave de paraiso
bird of paradise flower

flor de alhelí
alhelí flower

flor del árbol de Flamboyán
flamboyant tree flower

hoja del árbol de Ceiba
ceiba tree leaves

hoja del árbol de Roble
oak tree leaves

Flora
Flora

Algunas flores y hojas de árboles que puedes ver en Puerto Rico.
Some flowers and tree leaves that you can see in Puerto Rico.

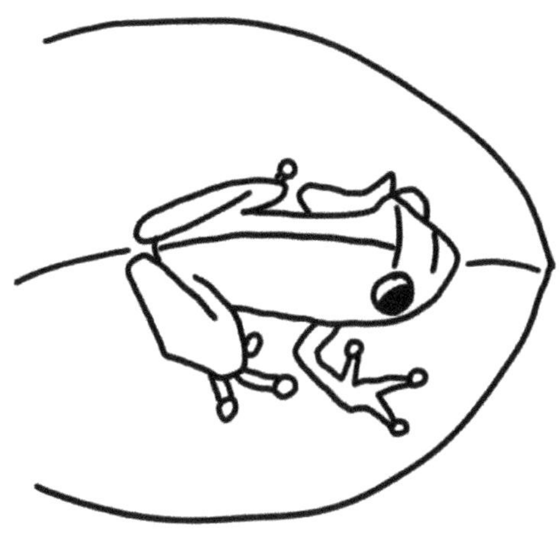

coquí
coquí

cotorra puertorriqueña
Puerto Rican parrot

lagartijo puertorriqueño
Puerto Rican lizard

manatí
manatee

boa puertorriqueña
Puerto Rican boa

gallo puertorriqueño
Puerto Rican rooster

Fauna
Fauna

Algunas animales puertorriqueños
Some Puerto Rican animals

Una cascada en el Yunque
A Waterfall in El Yunque

Noreste de Puerto Rico
Northeastern Puerto Rico

La playa de Luquillo
Luquillo Beach

Luquillo, PR
Luquillo, PR

La bahía bioluminescente

Bioluminescent Bay

Fajardo, PR

Fajardo, PR

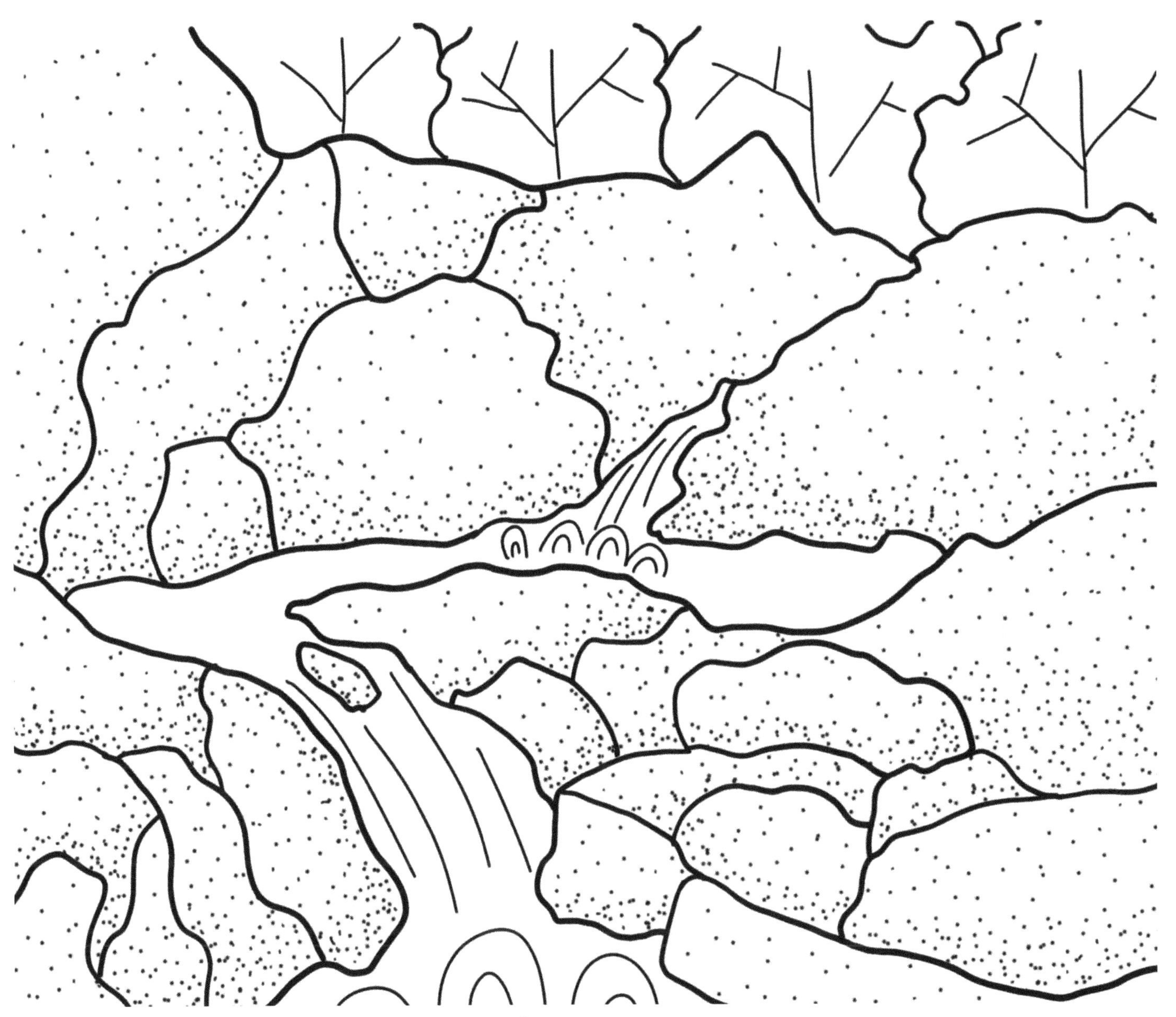

El río Caonillas
Caonillas River

Utuado, PR
Utuado, PR

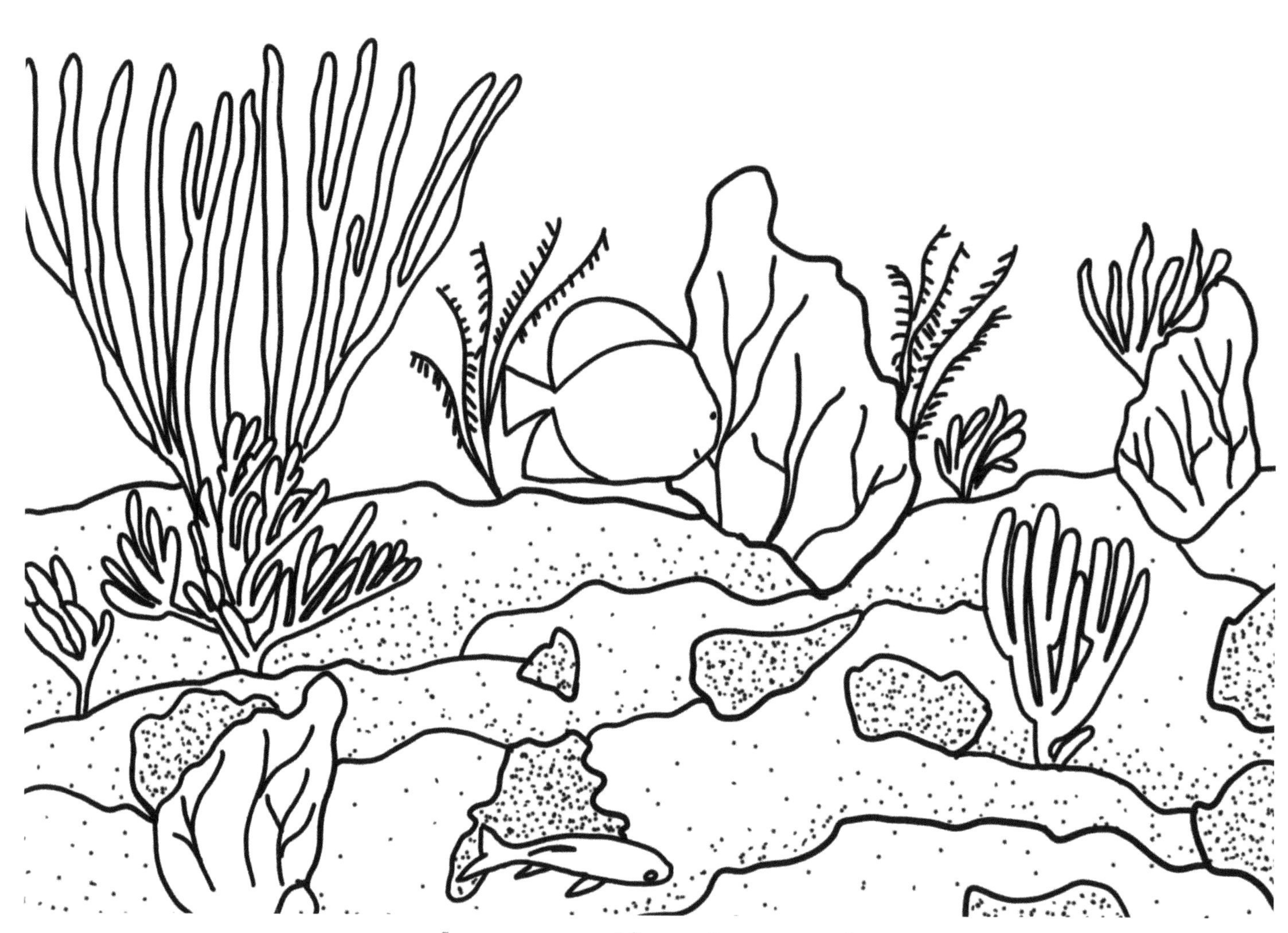

Los arrecifes de coral

Coral Reefs

Culebra, PR

Culebra, PR

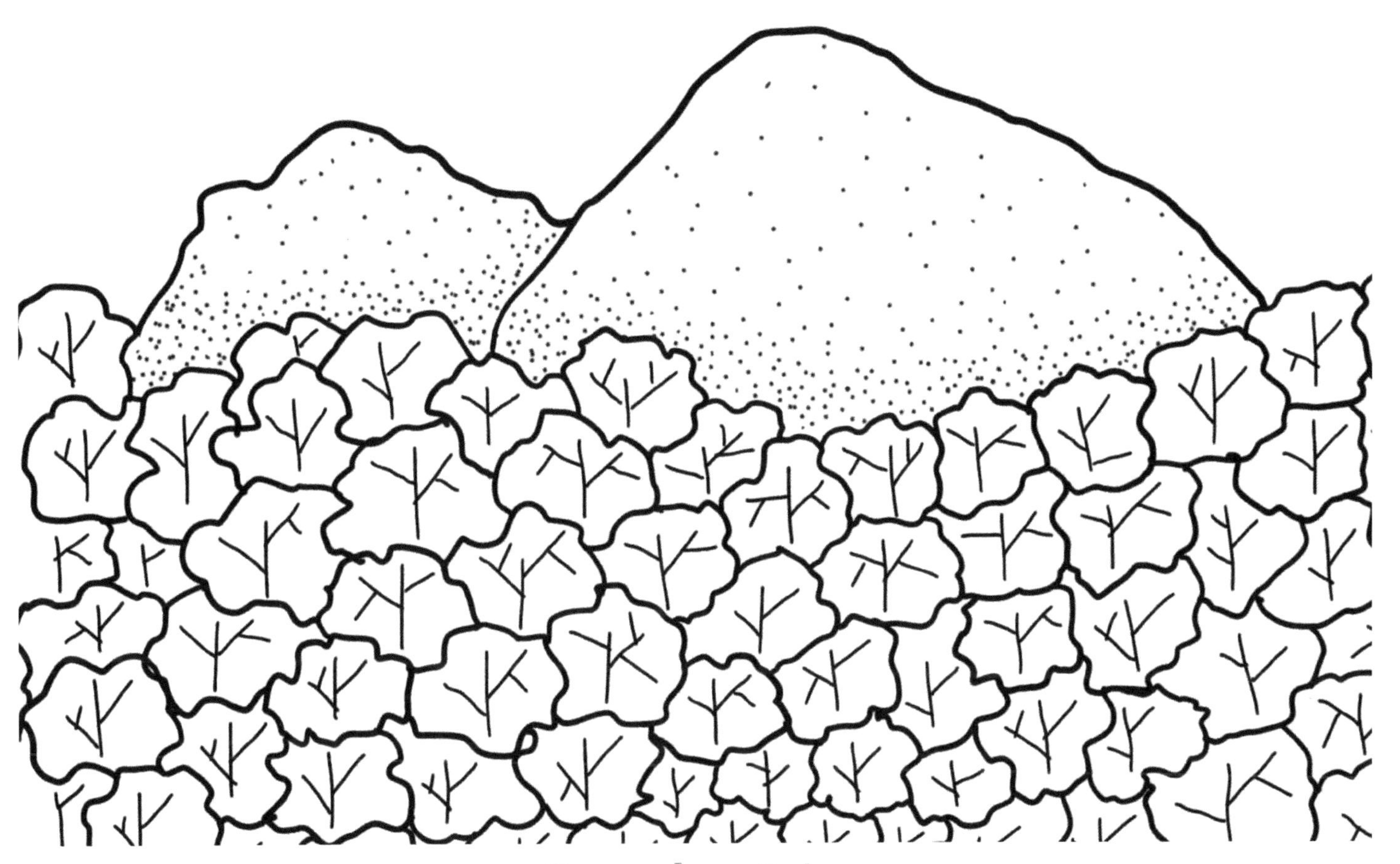

Cerro Las Tetas

Tetas Hill

Salinas, PR

Salinas, PR

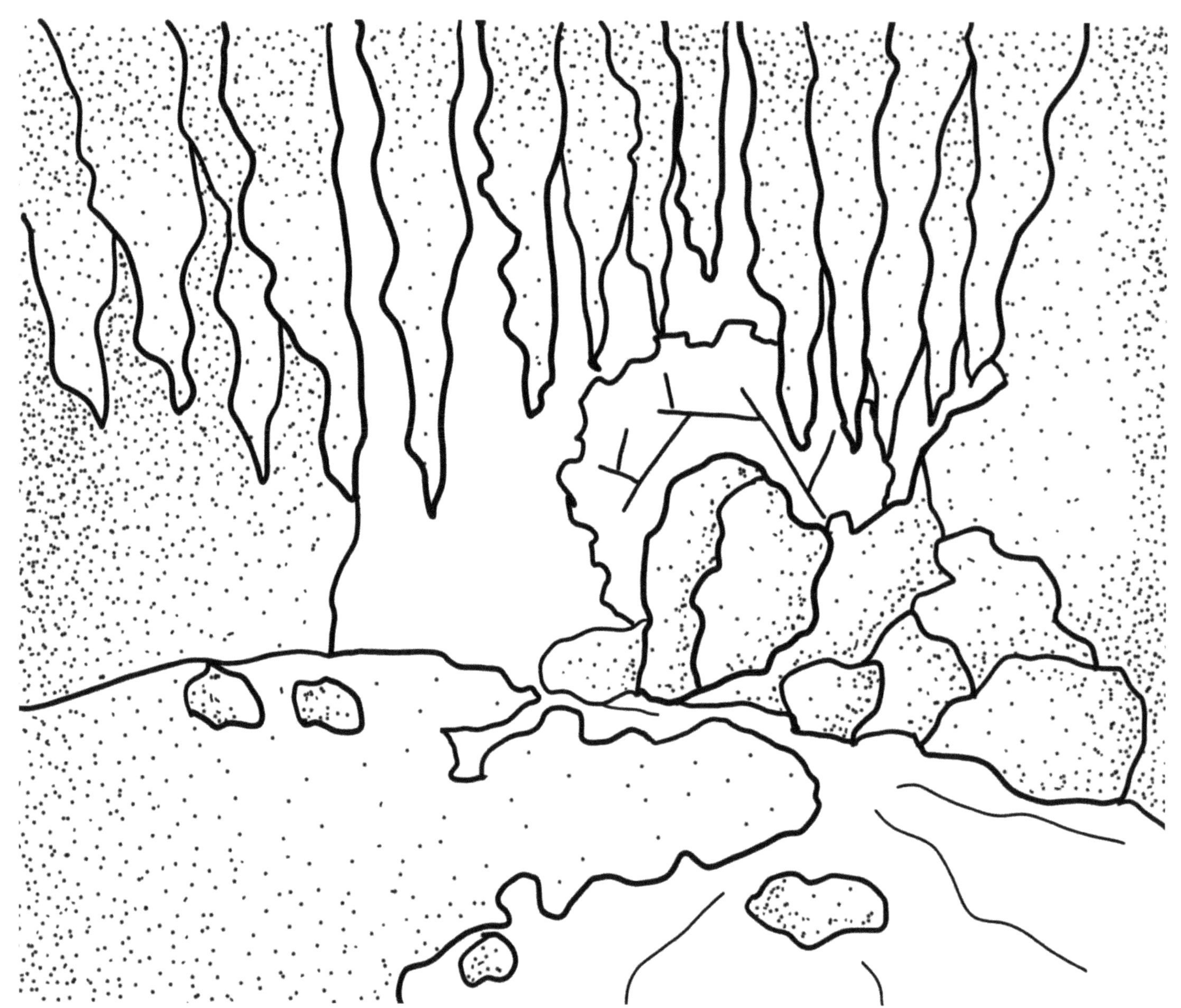

Las cavernas del Río Camuy

Caverns of Río Camuy

Camuy, PR

Camuy, PR

Playa Mar Chiquita
Mar Chiquita Beach

Manatí, PR
Manatí, PR

Los manglares

Mangroves

Ponce, PR

Ponce, PR

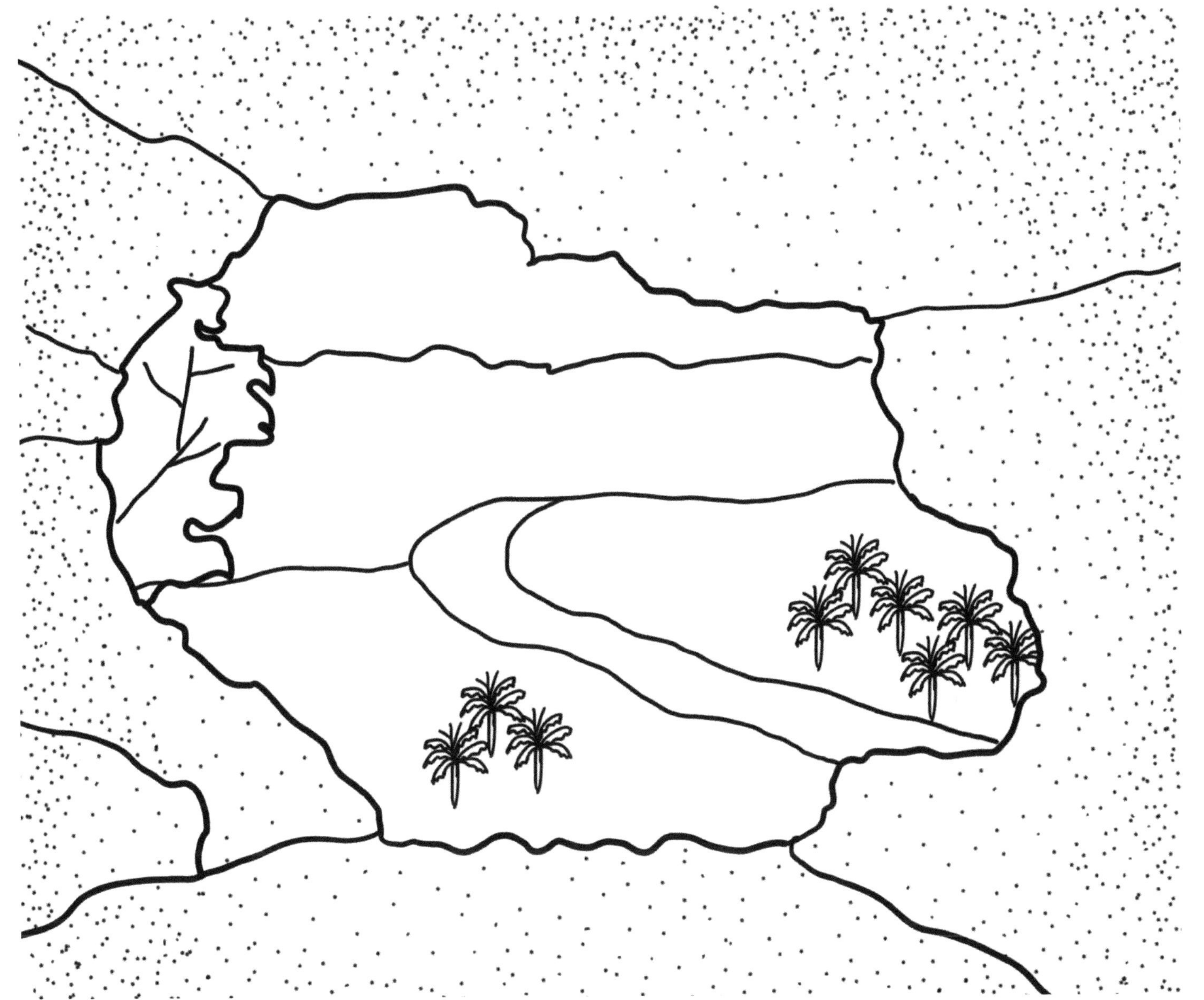

Cueva ventana
Window Cave

Arecibo, PR
Arecibo, PR

Flor y animal puertorriqueño favorito

Favorite Puerto Rican Flower and Animal

Explora y dibuja tu animal puertorriqueño favorito.

Explore and draw your favorite Puerto Rican flower and animal.

Cocina
Cuisine

La cocina es un estilo o método caracteristico de preparar la comida de un país. La deliciosa cocina puertorriqueña es el resultado de la mexcla de influencias taínas, españolas y africanas.

Cuisine is a style or method of cooking characteristic of a country. The delicious Puerto Rican cuisine is a mix of Taíno, Spanish, and African influences.

tamarindo
tamarind

mangó
mango

quenepas
quenepas

pomarosa
pomarosa

guayaba
guava

agua de coco
coconut water

parcha
passion fruit

Frutas
Fruits

Algunas frutas puertorriqueñnas
Some Puerto Rican fruits

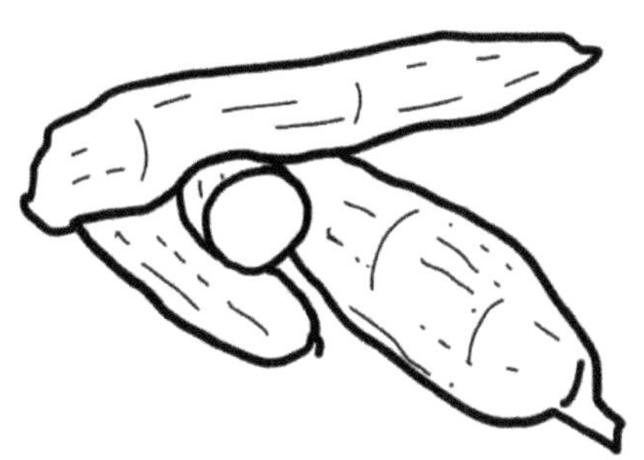

yuca
yucca root

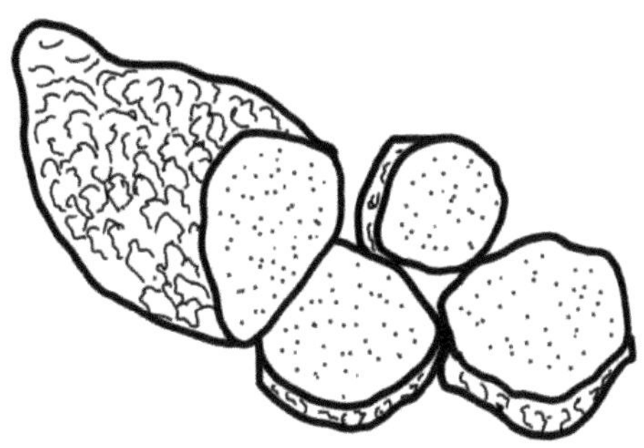

malanga
taro root

ñame
ñame root

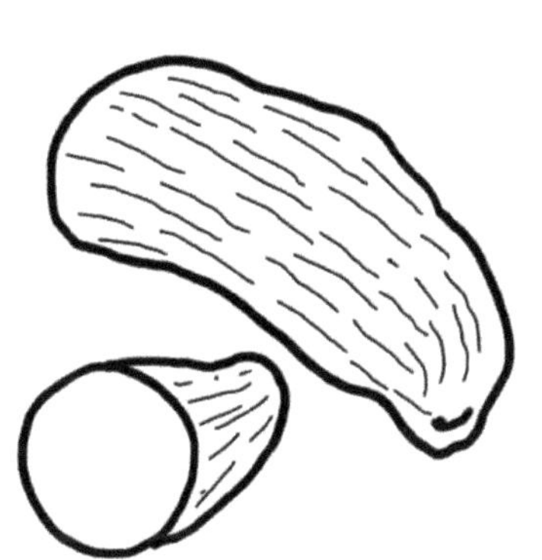

yautia
yautia root

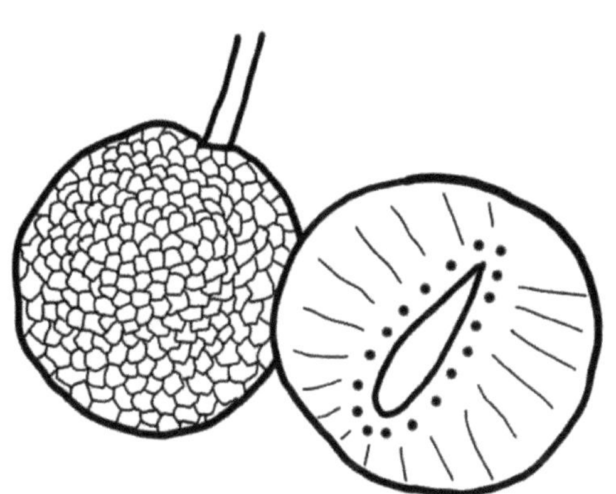

pana
breadfruit

plátano verde y maduro
green & yellow plantain

Viandas
Vegetables & Roots

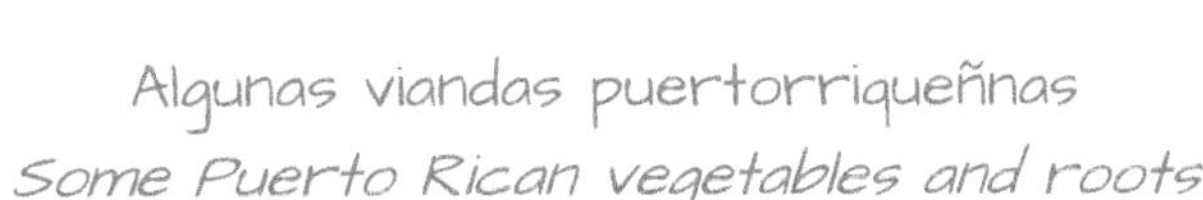

Algunas viandas puertorriqueñnas
Some Puerto Rican vegetables and roots

Receta
Recipe

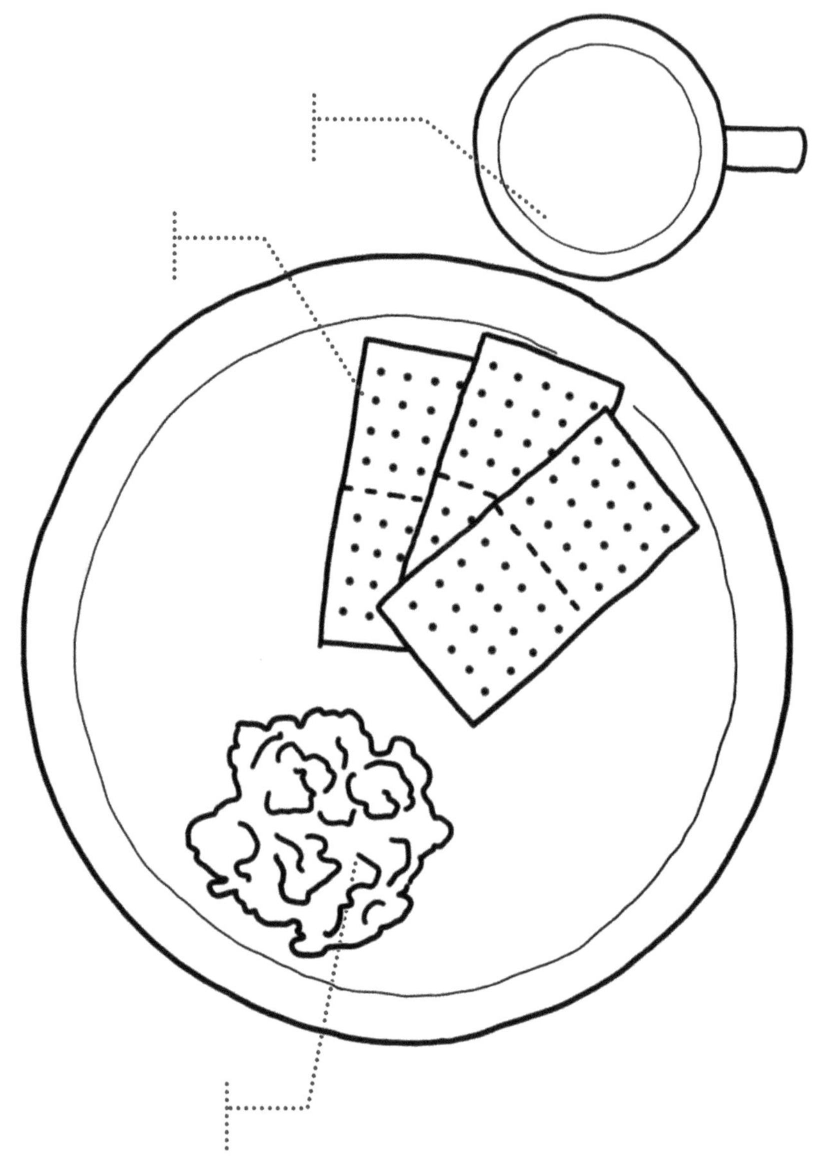

Revoltillo de huevo y galletas Export Sodas con café con leche
Scrambled Eggs and Saltine Crackers with Coffee

Explora la receta, nombra las partes del plato y cocínalo en casa.
Explore the recipe, name the parts of the dish, and cook it at home.

G-204

Receta
Recipe

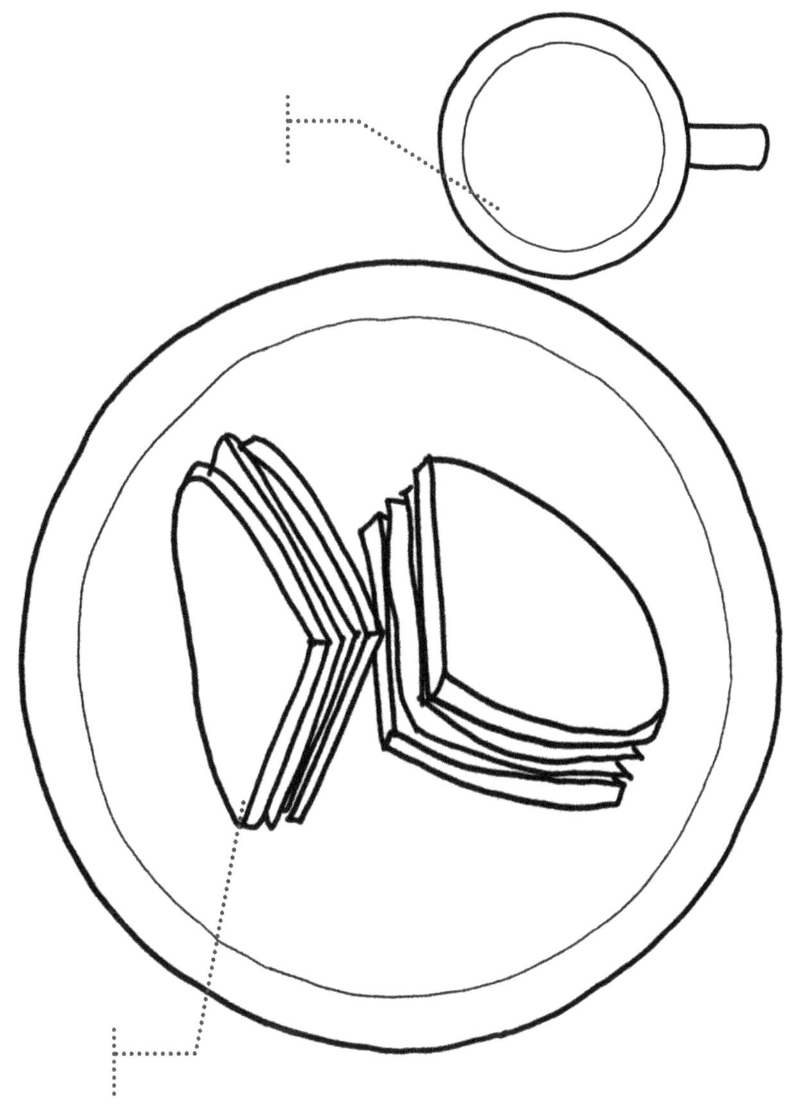

Sandwich de jamón y queso en pan soba'o con café con leche
Ham and Cheese Sweet Bread Sandwich with Coffee

Explora la receta, nombra las partes del plato y cocínalo en casa.
Explore the recipe, name the parts of the dish, and cook it at home.

Receta
Recipe

Asopa'o de camarones con tostones
Shrimp Rice Soup with Fried Green Plantain

Explora la receta, nombra las partes del plato y cocínalo en casa.
Explore the recipe, name the parts of the dish, and cook it at home.

Receta
Recipe

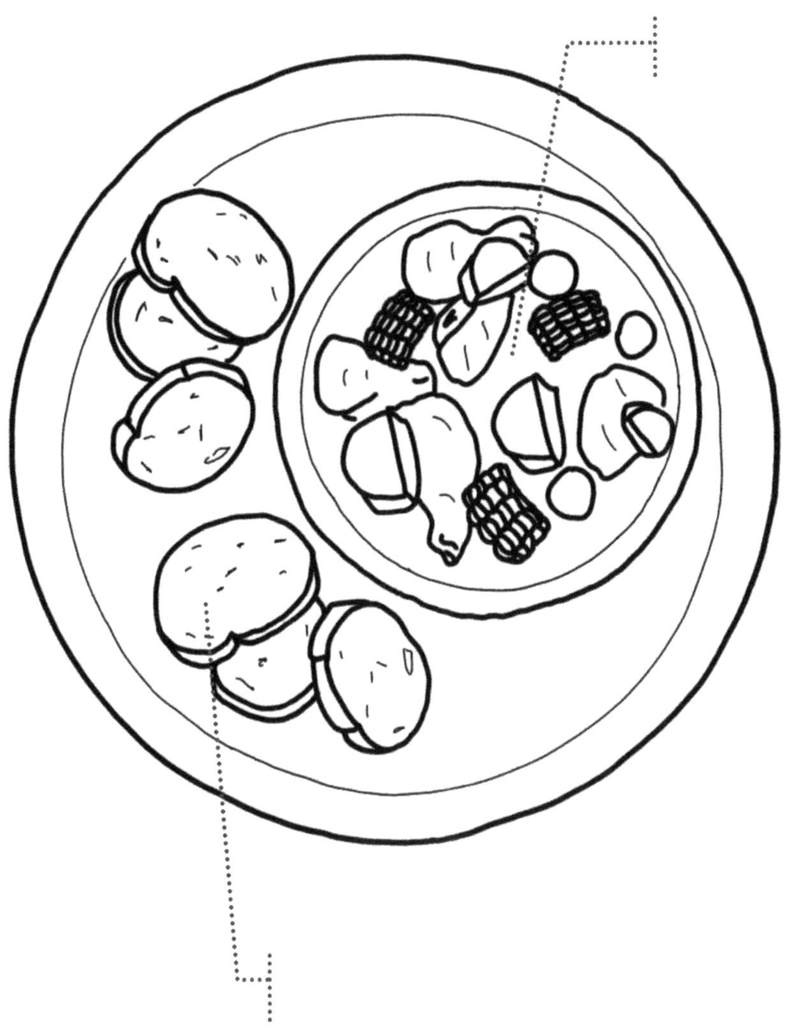

Sancocho con tostadas de pan
Soup with Toast

Explora la receta, nombra las partes del plato y cocínalo en casa.
Explore the recipe, name the parts of the dish, and cook it at home.

Receta
Recipe

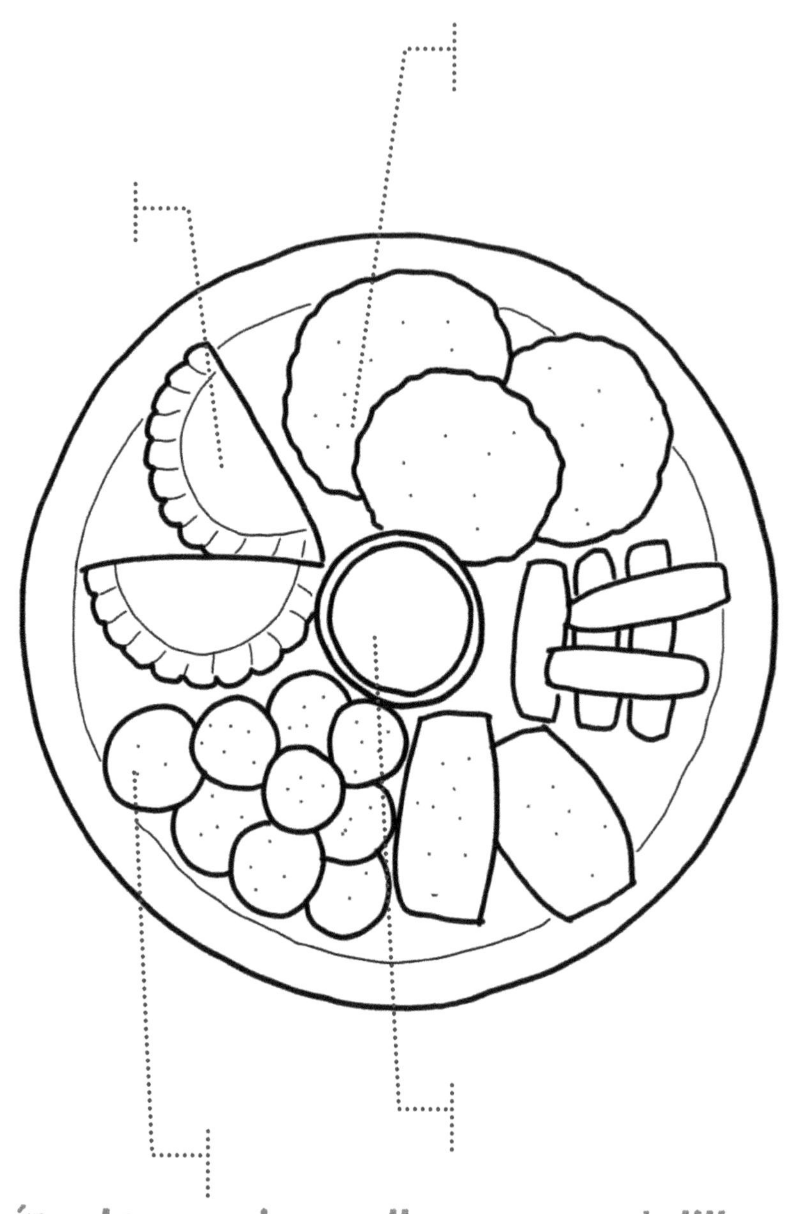

Bacalaítos, sorrullitos de maíz, alcapurrias, rellenos y pastelillos
Cod Fritters, Stuffed Root Fritters, Alcapurrias, Stuffed Potatoes, and Turnovers

Explora la receta, nombra las partes del plato y cocínalo en casa.
Explore the recipe, name the parts of the dish, and cook it at home.

Receta
Recipe

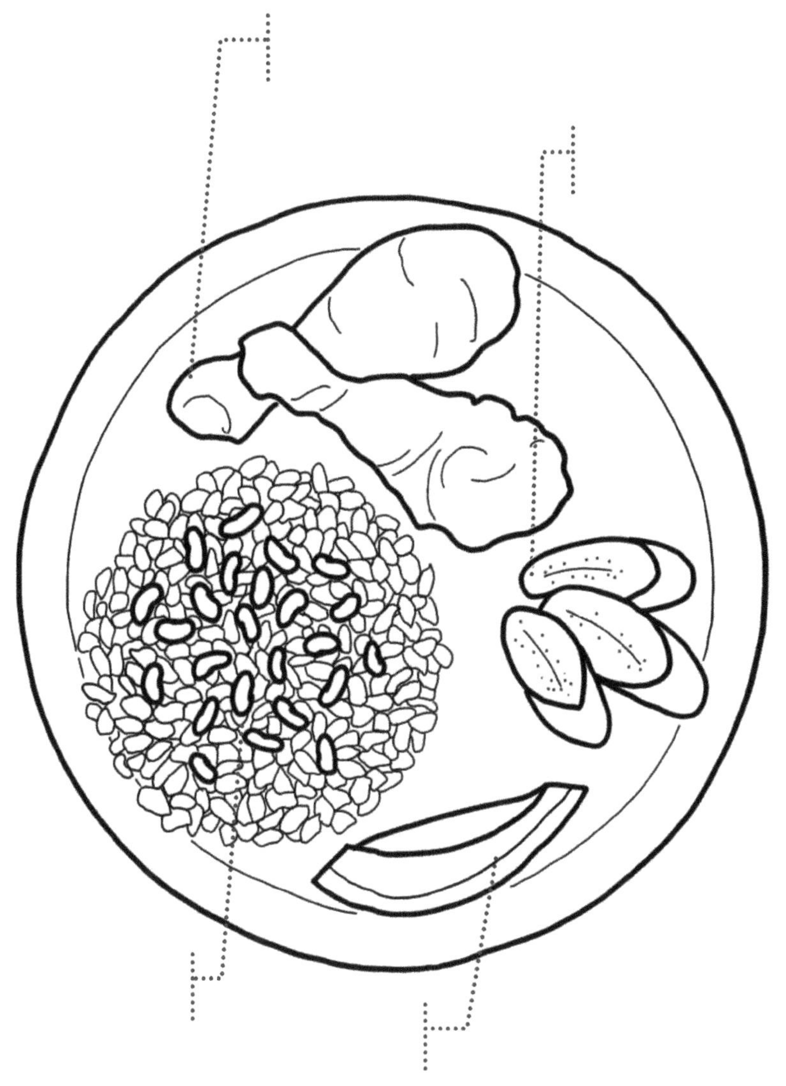

Arroz con habichuelas, pollo frito, platanitos y aguacate
Rice and Beans, Fried Chicken, Sweet Plantains, and Avocado

Explora la receta, nombra las partes del plato y cocinalo en casa.
Explore the recipe, name the parts of the dish, and cook it at home.

Receta
Recipe

Bacala'o en escabeche con viandas y aguacate
Marinated Codfish with Root Vegetables and Avocado

Explora la receta, nombra las partes del plato y cocínalo en casa.
Explore the recipe, name the parts of the dish, and cook it at home.

G-207

Receta
Recipe

Pescado frito, tostones y aguacate
Fried Fish, Fried Green Plantain, and Avocado

Explora la receta, nombra las partes del plato y cocínalo en casa.
Explore the recipe, name the parts of the dish, and cook it at home.

Receta
Recipe

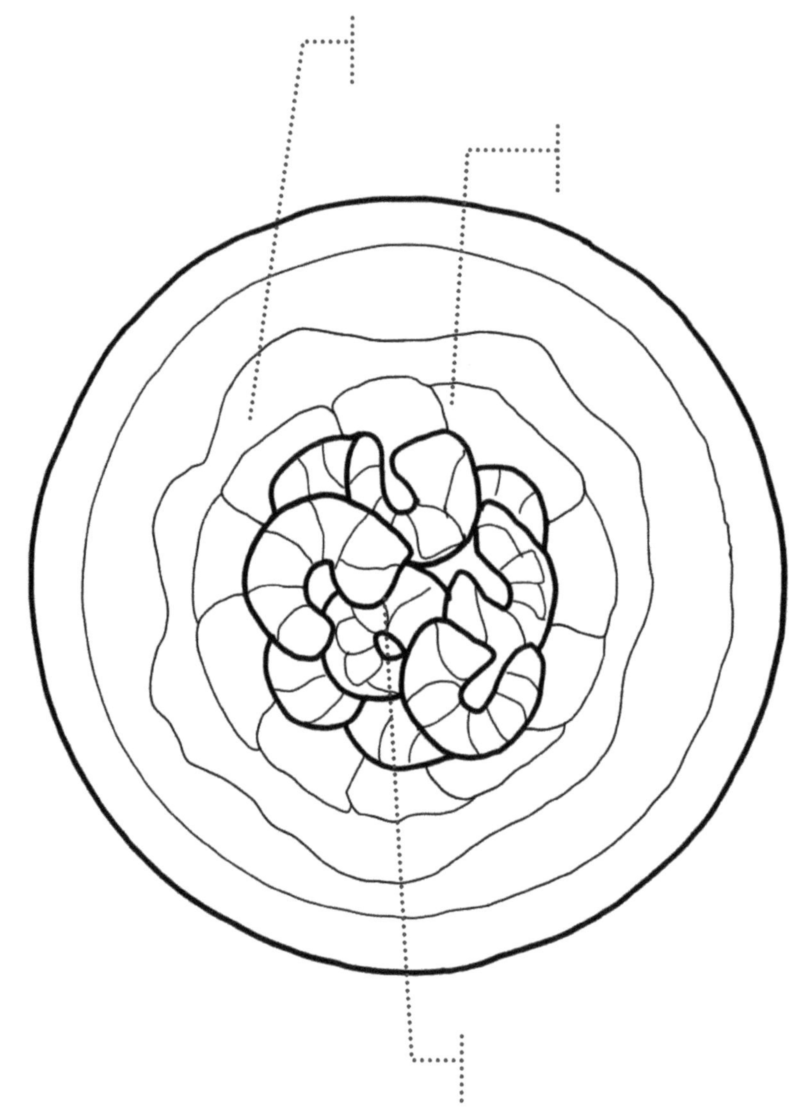

Mofongo relleno de camarones
Shrimp Stuffed Mofongo

Explora la receta, nombra las partes del plato y cocínalo en casa.
Explore the recipe, name the parts of the dish, and cook it at home.

G-208

Receta
Recipe

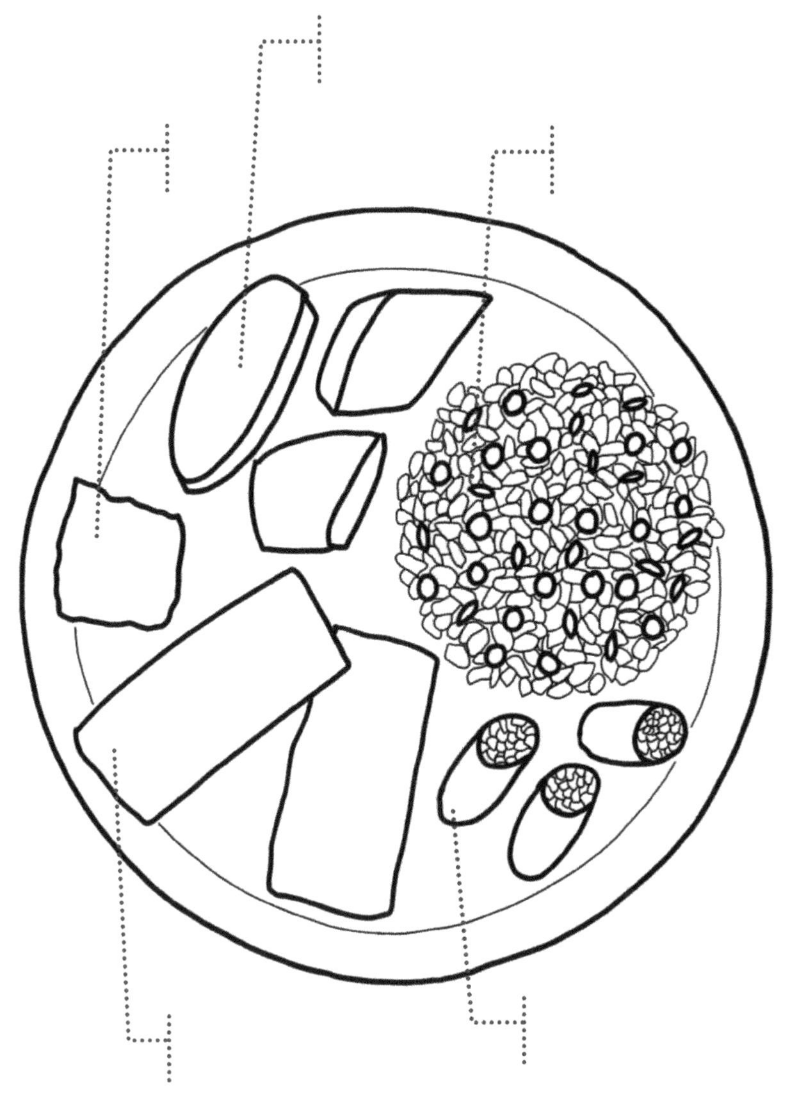

Arroz con gandules, morcilla, pasteles, cuerito y lechón
Rice with Pigeon Peas, Blood Sausage, Pasteles, Fried Pork Skin, & Roast Suckling Pig

Explora la receta, nombra las partes del plato y cocinalo en casa.
Explore the recipe, name the parts of the dish, and cook it at home.

tembleque y majarete
custard desserts

limber y piragua
popsicle and shaved ice

flan
flan

quesito y pastelillo
turnovers

platanutres
plantain chips

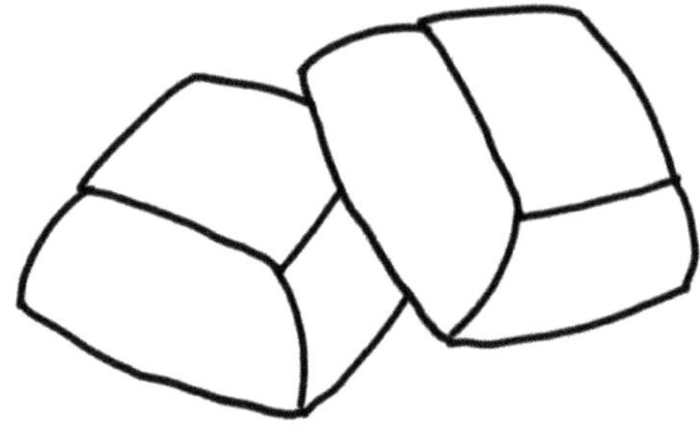

pan de mallorca
sweet bread

Meriendas y postres
Snacks and Desserts

Algunas meriendas y postres puertorriqueños
Some Puerto Rican snacks and desserts

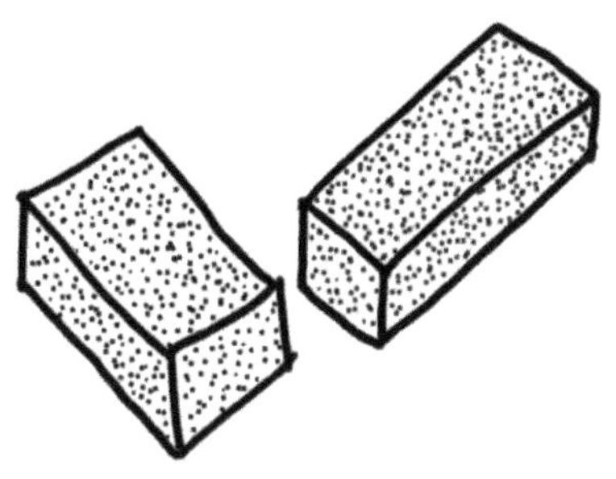

ajónjoli
sesame seed candy

gofio
sesame seed powder

pilones
lollipops

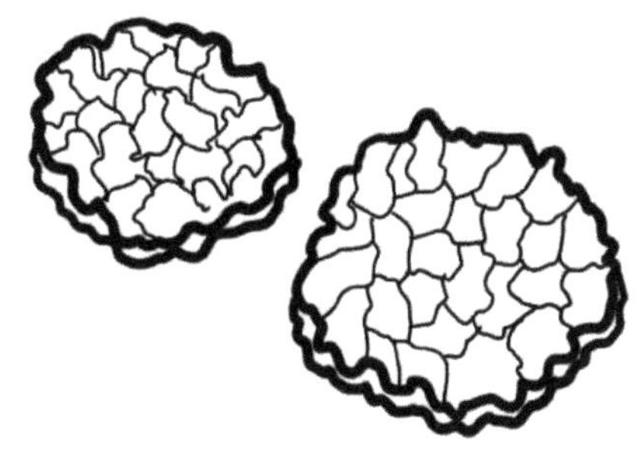

dulce de coco
coconut candy

polvorones y besitos de coco
cookies

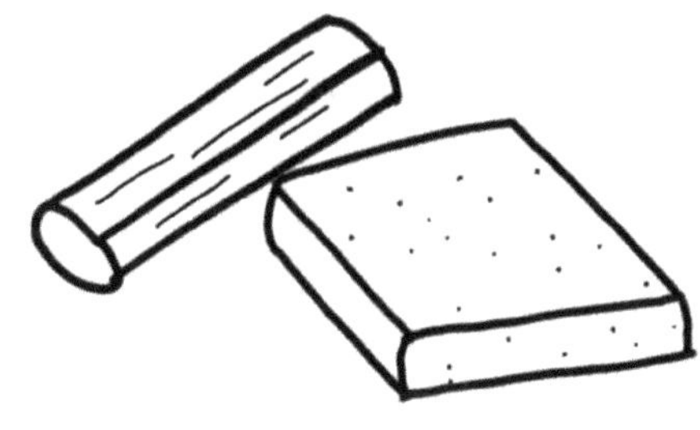

turrón de coco y majarete
coconut candy

Dulces típicos
Puerto Rican Sweets

Algunas dulces puertorriqueñas
Some Puerto Rican candies

Comida Favorita

Favorite Food

Explora y dibuja tu comida puertorriqueña favorita

Explore and draw your favorite Puerto Rican food.

Deportes
Sports

Los deportes son actividad física que require destrezas específicas. Hay deportes que pueden ser practicados individualmente, otros necesitan un equipo o grupo de personas. El deporte es uno de los aspectos culturales que más une a los puertorriqueños.

Sports are physical activities that require a specific set of skills. There are sports that can be played alone, while others need a team or group of people. Sports is one of the cultural aspects that unites Puerto Ricans the most.

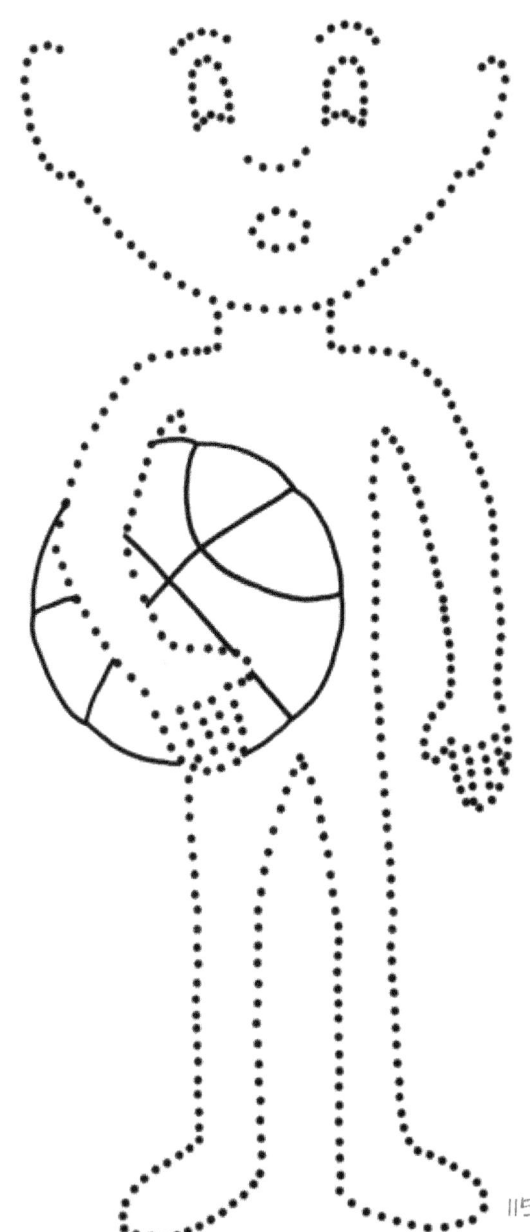

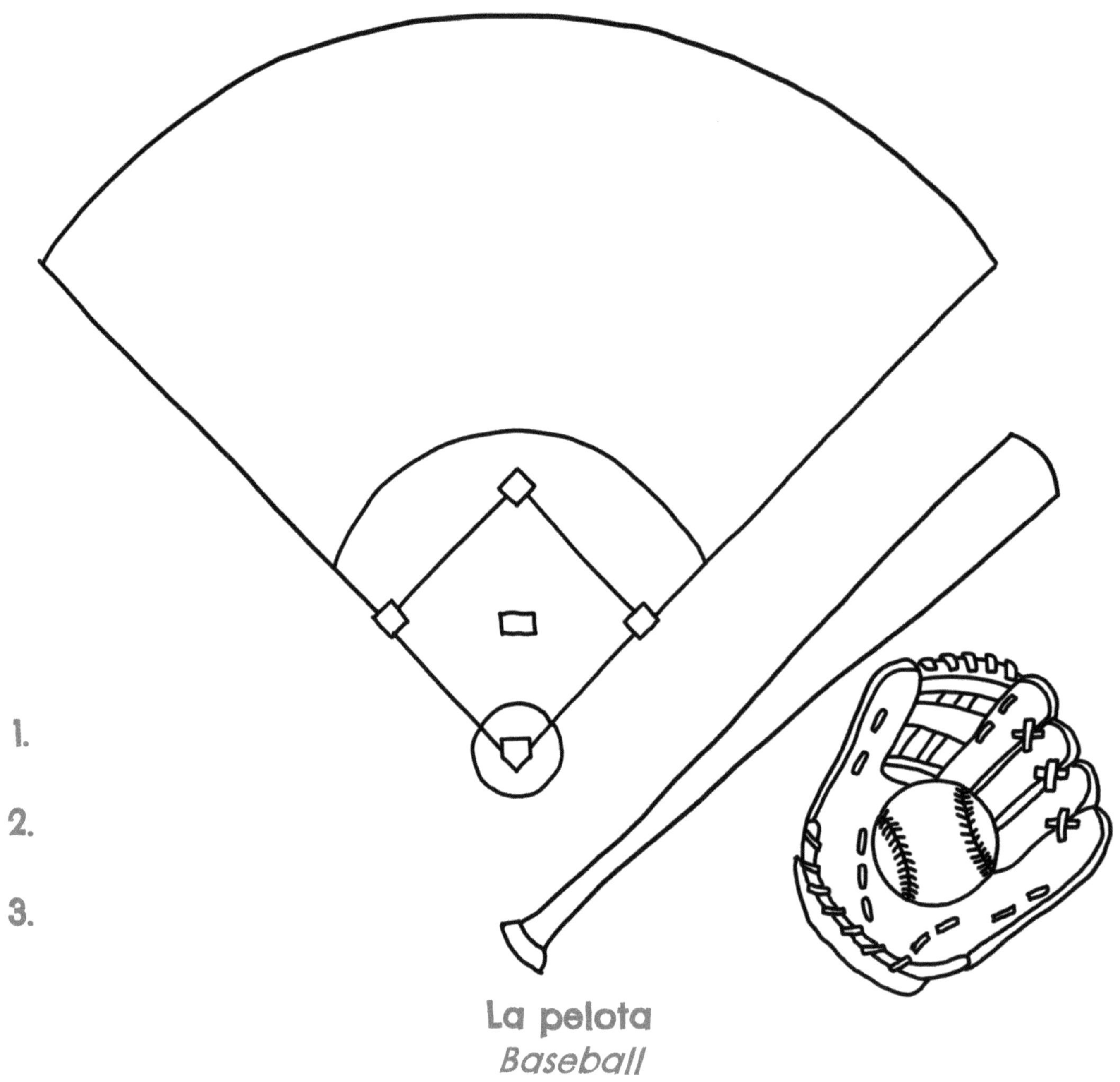

1.

2.

3.

La pelota
Baseball

Explora y dibuja un juego de pelota. Escribe los nombres de tres peloteros puertorriqueños.
Explore and draw a baseball game. Write the names of three Puerto Rican baseball players.

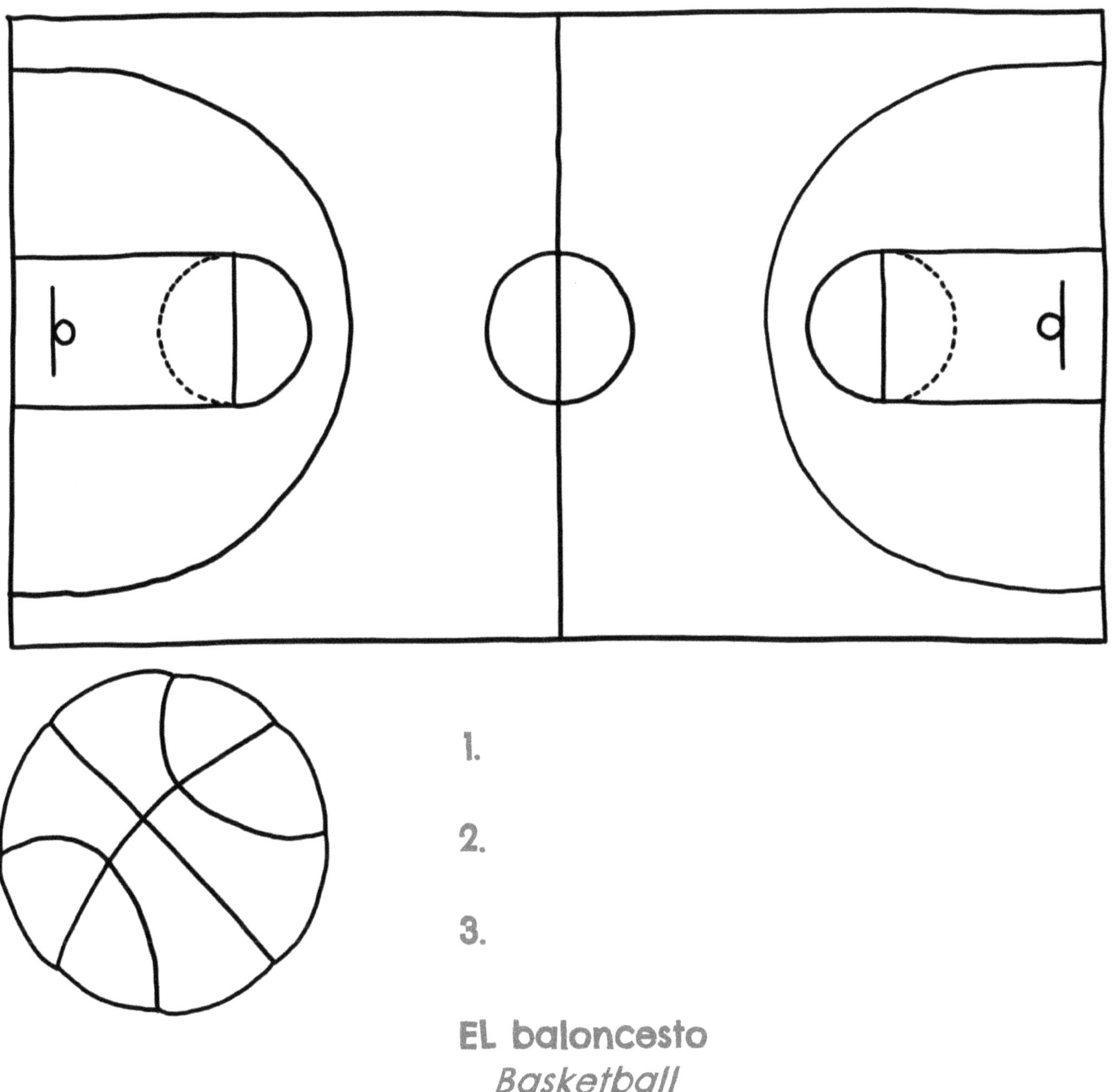

1.

2.

3.

EL baloncesto
Basketball

Explora y dibuja un juego de baloncesto. Escribe los nombres de tres baloncelistas puertorriqueños.
Explore and draw a basketball game. Write the names of three Puerto Rican basketball players.

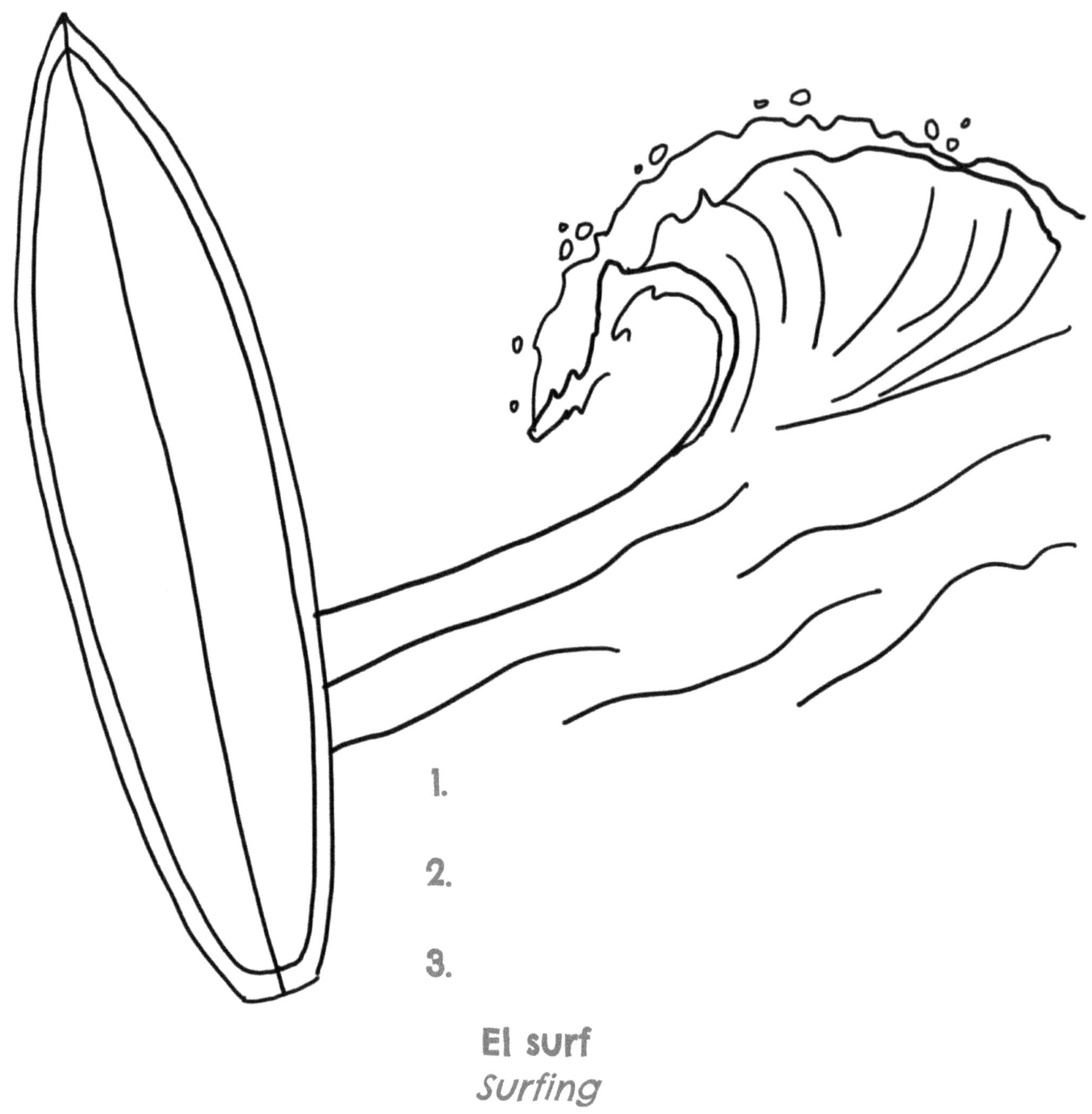

1.

2.

3.

El surf
Surfing

Explora y dibuja a un serfista. Escribe los nombres de tres serfistas puertorriqueños.
Explore and draw someone surfing. Write the names of three Puerto Rican surfers.

1.

2.

3.

EL boxeo
Boxing Match

Explora y dibuja una pelea de boxeo. Escribe los nombres de tres boxeadores puertorriqueños.
Explore and draw a boxing match. Write the names of three Puerto Rican boxers.

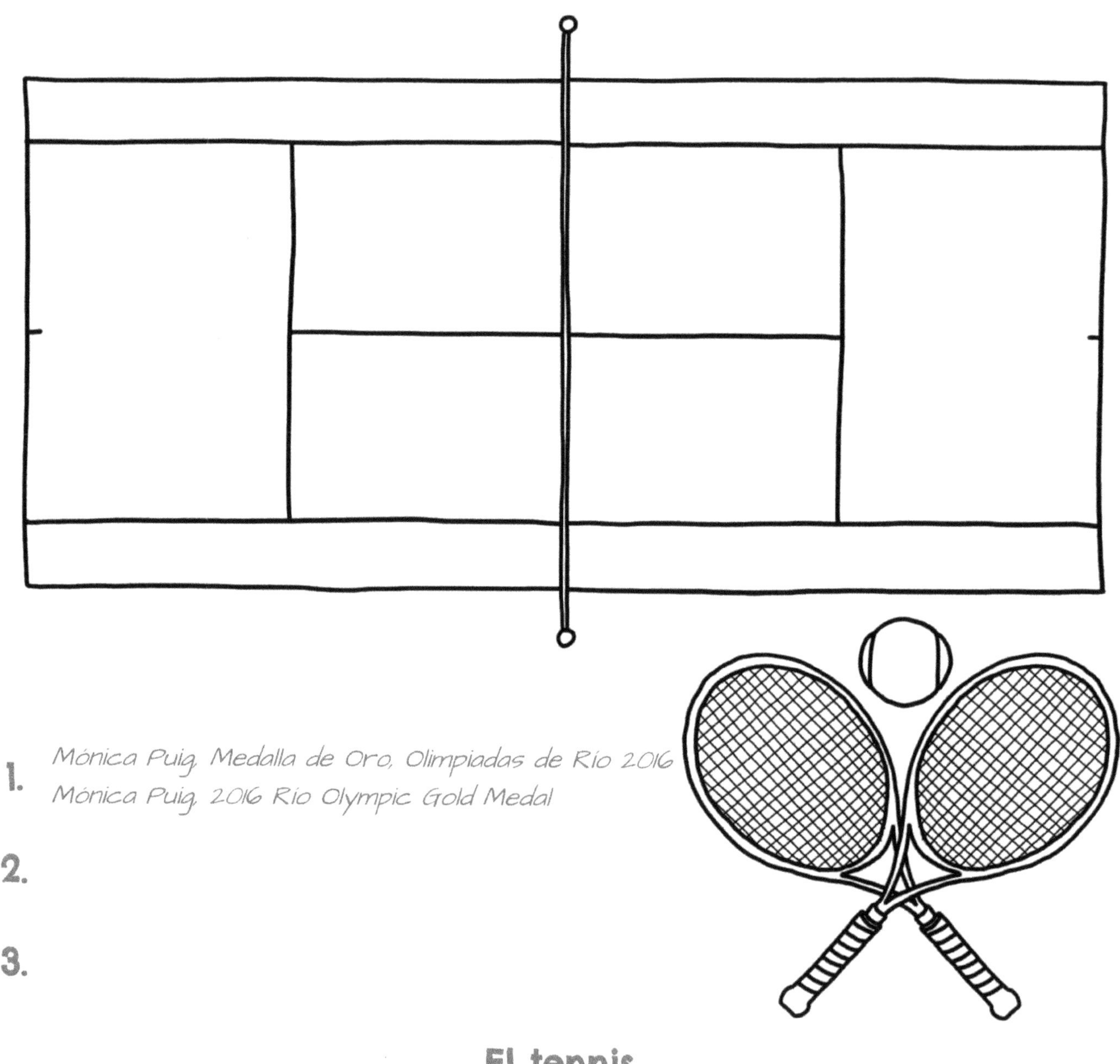

1. Mónica Puig, Medalla de Oro, Olimpiadas de Río 2016
   Mónica Puig, 2016 Rio Olympic Gold Medal

2.

3.

El tennis
Tennis

Explora y dibuja un juego de tenis. Escribe los nombres de dos tenistas puertorriqueños.

Explore and draw a tennis match. Write the names of two Puerto Rican tennis players.

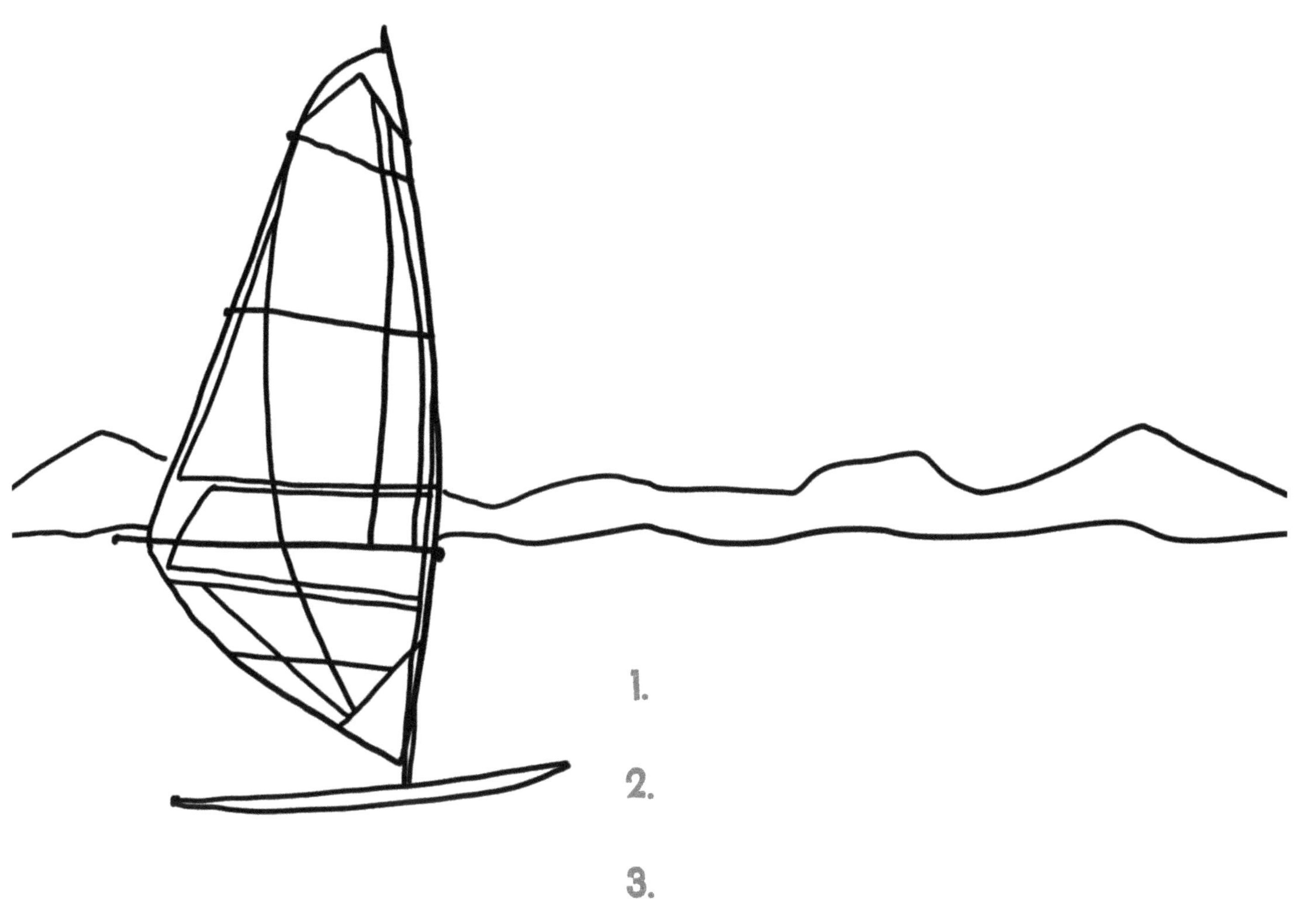

1.

2.

3.

El windsurf
Windsurfing

Explora y dibuja un windsurfista. Escribe los nombres de tres windsurfistas puertorriqueños.

Explore and draw someone windsurfing. Write the names of three Puerto Rican windsurfers.

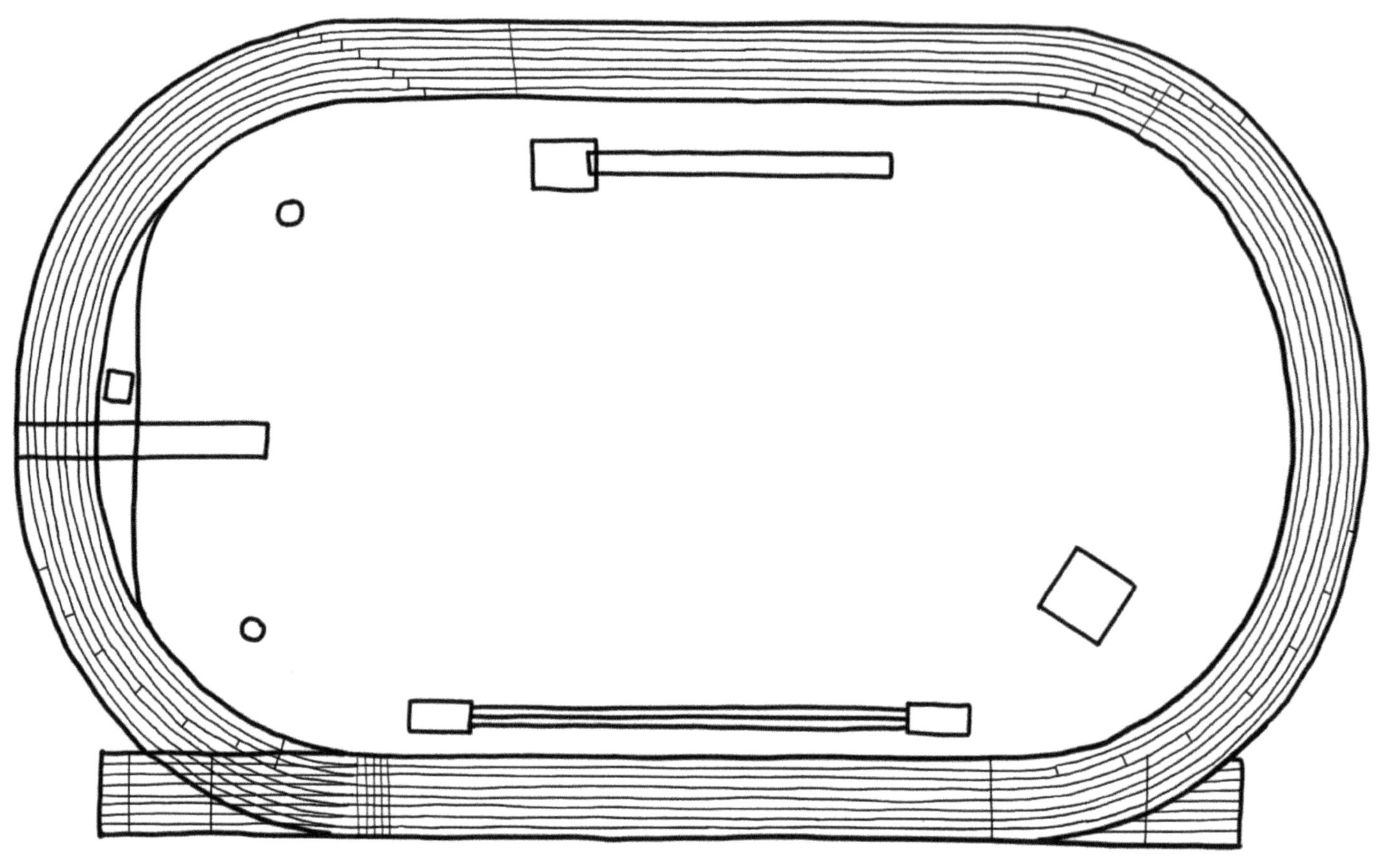

1.

2.

3.

Pista y campo
Track and Field

Explora y dibuja a un atleta corriendo. Escribe los nombres de tres atletas puertorriqueños.

Explore and draw an athlete running. Write the names of three Puerto Rican track and field athletes.

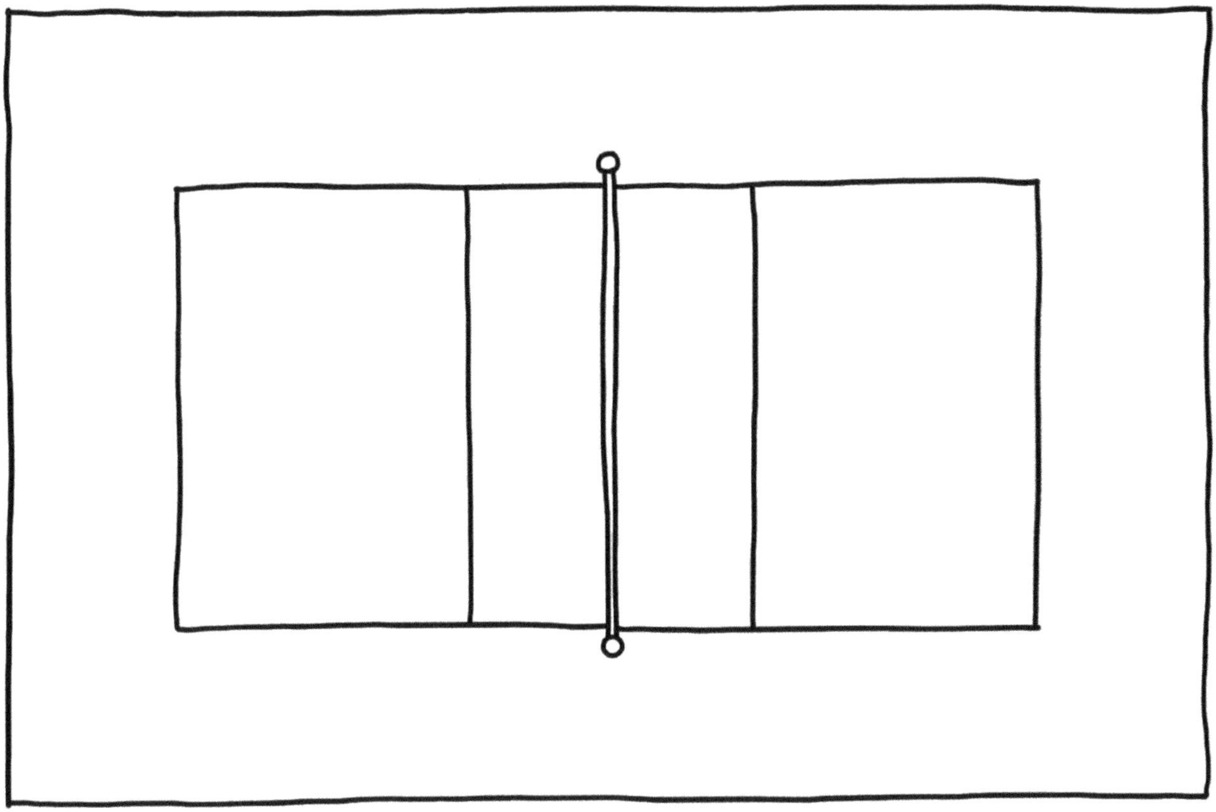

1.

2.

3.

El voleibol
Volleyball

Explora y dibuja un juego de voleibal. Escribe los nombres de tres voleibolistas puertorriqueños.

Explore and draw a volleyball game. Write the names of three Puerto Rican volleyball players.

Tu Deporte Favorito
Your Favorite Sport

Dibujate jugando to deporte favorito.

Draw yourself playing your favorite sport.

Las Artes
The Arts

El arte es la expresión de creatividad, sentimiento e imaginación. Algunas formas de artes utilizadas en Puerto Rico son: la pintura, la escultura, los textiles, las películas, y los programas de televisión.

The arts are an expression of creativity, feelings, and imagination. Painting, sculpture, textiles, movies, and TV shows are among the art forms used in Puerto Rico.

Pintura: Las hijas del gobernador D. Ramón de Castro

Painting: The Daughters of Governor D. Ramón de Castro

Artista: José Campeche, 1797

Artist: José Campeche, 1797

Pintura: EL velorio
Painting: The Wake

Artista: Francisco Oller, 1893
Artist: Francisco Oller, 1893

Pintura: Amarillo 873-94

Painting: Yellow 873-94

Artista: Olga Albizu

Artist: Olga Albizu

Pintura: Vendedor de solandras

Painting: Solandras Seller

Artista: Francisco Rodón, 1993

Artist: Francisco Rodón, 1993

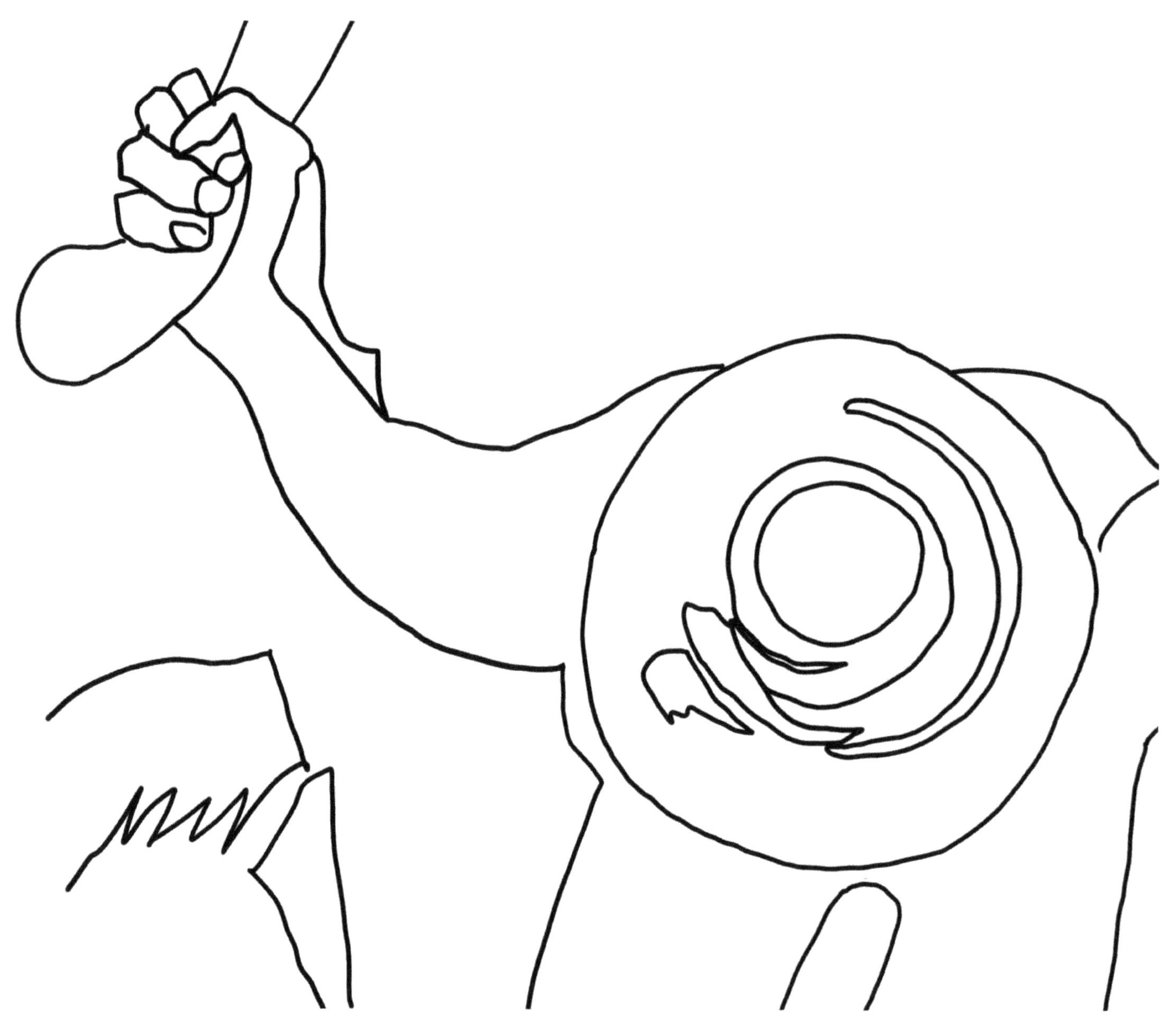

Grabado: Cortador de Caña

Linocut: Cane Cutter

Artista: Rafael Tufiño, 1951

Artist: Rafael Tufiño, 1951

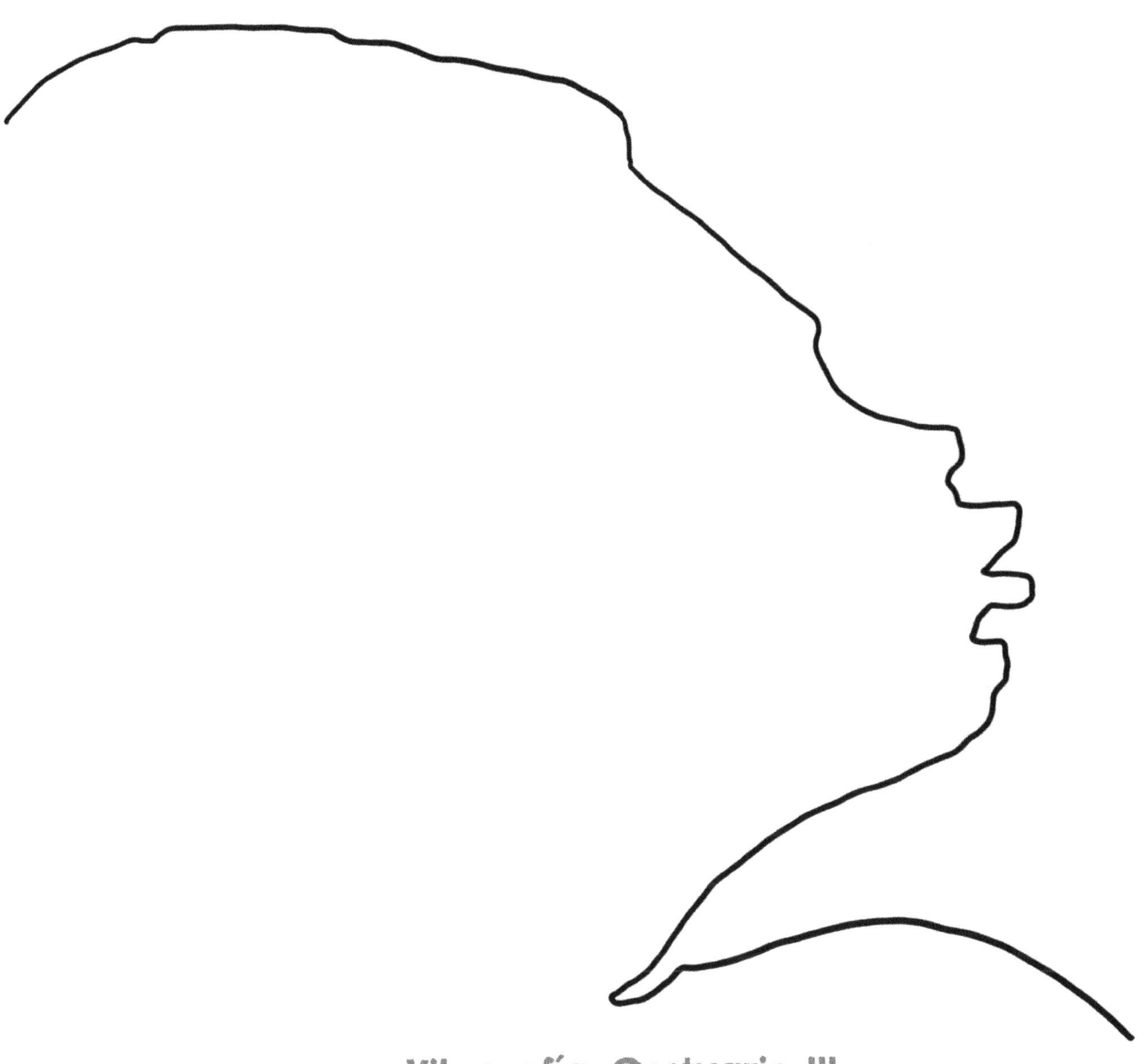

Xilografía: Gestuario III
Xylography: Gestures III

Artista: Antonio Martorell, 2001
Artist: Antonio Martorell, 2001

Escultura: Monumento al Jíbaro Puertorriqueño

Sculpture: Monument to the Puerto Rican Countryman

Salinas, PR - Artista: Tomás Batista, 1973-76

Salinas, PR - Artist: Tomás Batista, 1973-76

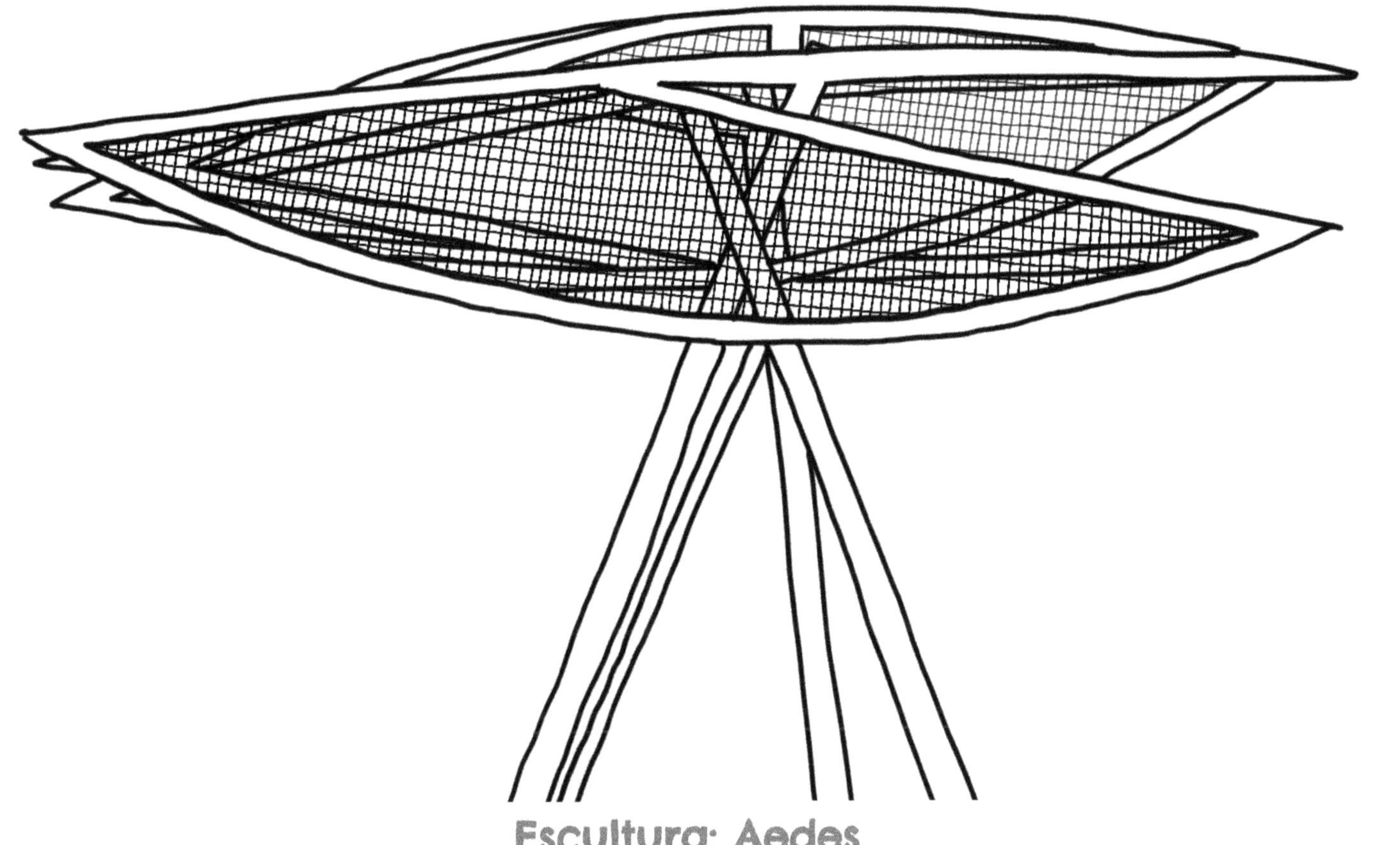

Escultura: Aedes

Sculpture: Aedes

Arecibo, PR - Artista: Imel Sierra Cabrera, 2004

Arecibo, PR - Artist: Imel Sierra Cabrera, 2004

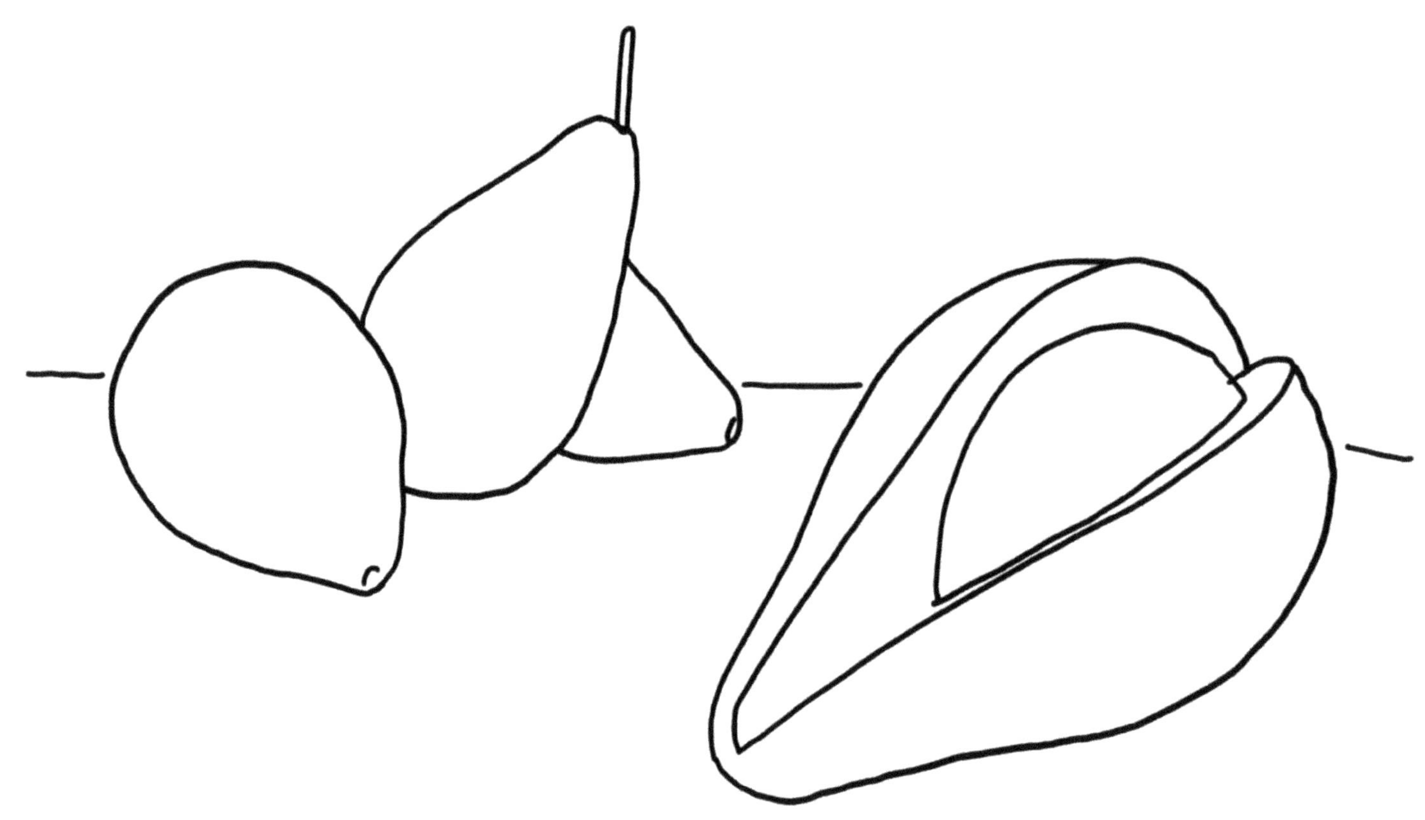

Escultura: Aguacates
Sculpture: Avocados

Plaza del Mercado de Santurce, PR - Artista: Anex Burgos, c. 2000
Plaza del Mercado de Santurce, PR - Artist: Anex Burgos, c. 2000

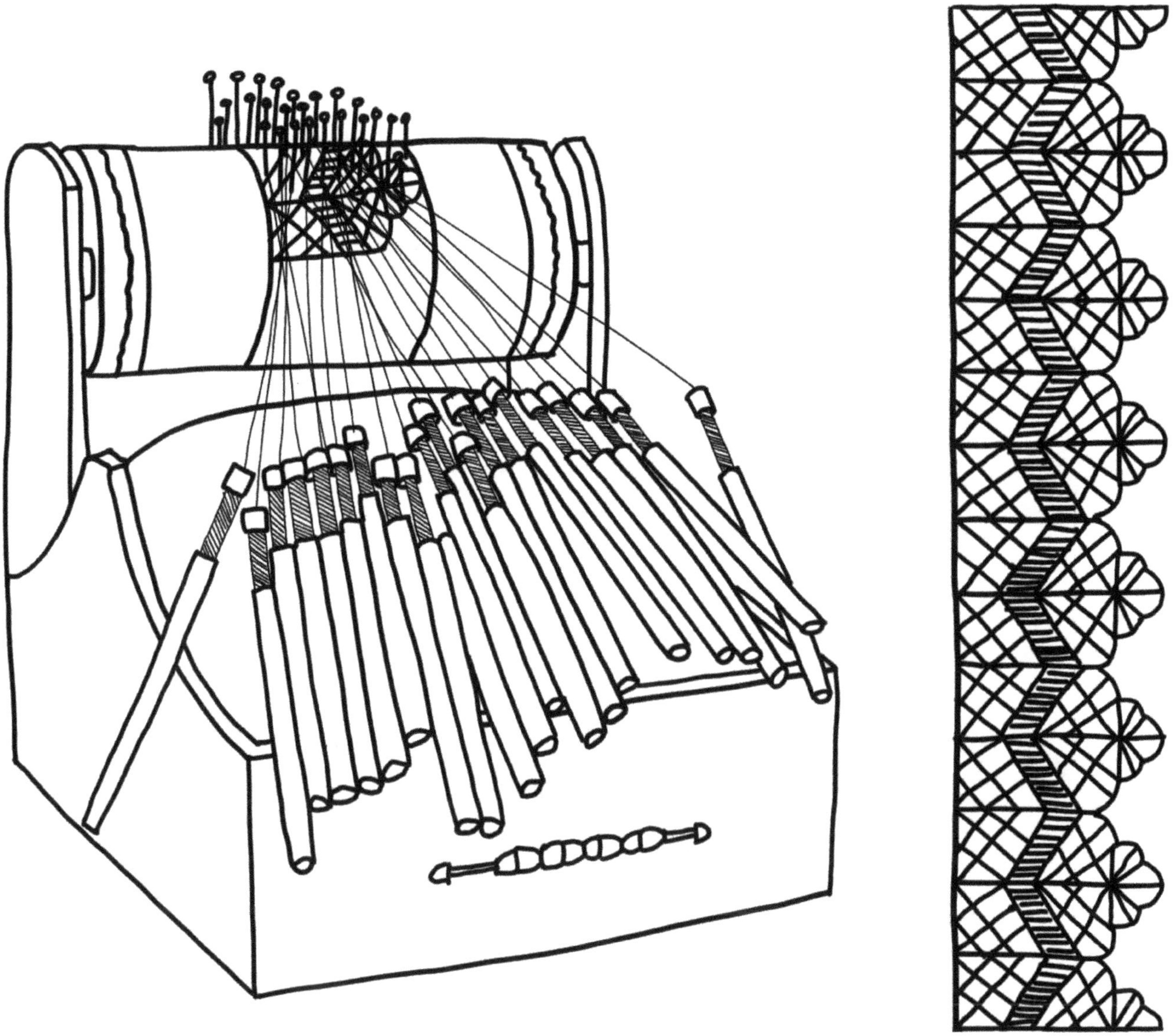

Textil: mundillo

Textile: Mundillo

El mundillo es un tejido decorativo creado en Moca, PR

The mundillo is a decorative textile created in Moca, PR

LA GUAGUA AÉREA

Película: La Guagua Aérea
Movie: A Flight of Hope

Director y Guionista: Luis Molina Casanova, 1993
Director and screenwriter: Luis Molina Casanova, 1993

ATENCIÓN ATENCIÓN

Programa de televisión: Atención, Atención

TV Show: Attention, Attention

AA MUSIC and Univision Puerto Rico, 2005 al presente

AA MUSIC and Univision Puerto Rico, 2005 to present

Obra de Arte

Art Work

Crea tu propia obra de arte puertorriqueña.

Explore and draw your very own Puerto Rican work of art.

Música
Music

La música es el arte de combinar letras, melodías y ritmos en canciones. Puerto Rico es famoso en el mundo por sus estilos de música como la salsa y el reggaetón.

Music is the art of combining lyrics, melodies, and rhythms in songs. Puerto Rico is known for some of its music styles, like salsa and reggaetón.

La danza puertorriqueña es un tipo de música formal de herencia española que suena de forma parecida a la música clásica europea.
The Puerto Rican danza is a formal music style with Spanish roots that sounds similar to European classical music.

Un orquesta también puede tocar danza.
An orchestra can also play danza.

La danza puertorriqueña
Puerto Rican Danza

Explora el ritmo de la danza puertorriqueña.
Explore the rhythm of the Puerto Rican danza.

Nombre de la canción *Song's Name*	**Cantante** *Singer*
1.	
2.	
3.	
4.	
5.	

Canciones de danza puertorriqueña
Puerto Rican Danza Songs

Haz una lista de canciones de danza puertorriqueña.
Make a list of Puerto Rican danza songs.

La bomba es un ritmo de herencia africana. Los barriles o tambores segundos crean el ritmo, mientras que el barril primo tiene una conversacion con el bailador.

The bomba is a rhythm with African roots. The segundo drums create the rhythm, while the primo drum has a conversation with the dancer.

Los barriles de bomba
Bomba drums

La bomba puertorriqueña
Puerto Rican Bomba

Explora el ritmo de la bomba puertorriqueña.

Explore the rhythm of the Puerto Rican bomba.

Nombre de la canción *Song's Name*	Cantante *Singer*
1.	
2.	
3.	
4.	
5.	

Canciones de bomba puertorriqueña
Puerto Rican Bomba Songs

Haz una lista de canciones de bomba puertorriqueña.

Make a list of Puerto Rican bomba songs.

La canciones de plena eran consideradas el periodico del barrio ya que sus letras eran basadas en las últimas noticias. El ritmo es creado por tres panderos.

The plena songs were considered the neighborhood newsletter, since its lyrics were based on the latest news. A set of three hand drums create the rhythm.

Los panderos de plena

Plena hand drums

La plena puertorriqueña

Puerto Rican Plena

Explora el ritmo de la plena puertorriqueña.

Explore the rhythm of the Puerto Rican plena.

Nombre de la canción *Song's Name*	Cantante *Singer*
1.	
2.	
3.	
4.	
5.	

Canciones de plena puertorriqueña
Puerto Rican Plena Songs

Haz una lista de canciones de plena puertorriqueña.
Make a list of Puerto Rican plena songs.

La trova puertorriqueña es un estilo de música de herencia taína, española y africana. Los instrumentos utilizados son la guitarra, el güiro, el cuatro puertorriqueño y los bongos.
The Puerto Rican trova is a style of music with Taíno, Spanish, and African roots. The guitar, güiro, cuatro, and bongos are the musical instruments used.

La trova puertorriqueña
Puerto Rican Trova

Explora el ritmo de la trova puertorriqueña.
Explore the rhythm of the Puerto Rican trova.

Nombre de la canción *Song's Name*	Cantante *Singer*
1.	
2.	
3.	
4.	
5.	

Canciones de trova puertorriqueña
Puerto Rican Trova Songs

Haz una lista de canciones de trova puertorriqueña.
Make a list of Puerto Rican trova songs.

La salsa es un estilo de música bailable desarrollado por puertorriqueños en Nueva York. Una orquesta incluyendo la clave y los cantantes crean el ritmo.

The salsa style is a dancing rhythm developed by Puerto Ricans in New York. A music band, including the clave and singers, creates the rhythm.

Orquesta de Salsa
Salsa Band

La salsa puertorriqueña
Puerto Rican Salsa

Explora el ritmo de la salsa puertorriqueña.
Explore the rhythm of the Puerto Rican salsa.

	Nombre de la canción *Song's Name*	Cantante *Singer*
1.		
2.		
3.		
4.		
5.		

Canciones de salsa puertorriqueña
Puerto Rican Salsa Songs

Haz una lista de canciones de salsa puertorriqueña.

Make a list of Puerto Rican salsa songs.

El reggaetón es un estilo de música con influencia del hip hop y reggae.
La base de su ritmo es el dembow..
Reggaeton is a music style that has roots in hip hop and reggae.
The dembow is the base of the rhythm.

El reggaetón puertorriqueño
Puerto Rican Reggaeton

Explora el ritmo de reggaetón puertorriqueño.
Explore the rhythm of the Puerto Rican reggaeton.

Nombre de la canción *Song's Name*	**Cantante** *Singer*
1.	
2.	
3.	
4.	
5.	

Canciones de reggaetón puertorriqueño
Puerto Rico Reggaeton Songs

Haz una lista de canciones de reggaetón puertorriqueño.
Make a list of reggaeton songs.

Estilo de música puertorriqueña favorito

Favorite Puerto Rican Music Style

Dibújate bailado tu estilo de música favorito.

Draw yourself dancing to your favorite style of music.

Arquitectura & Ciudad
Architecture & the City

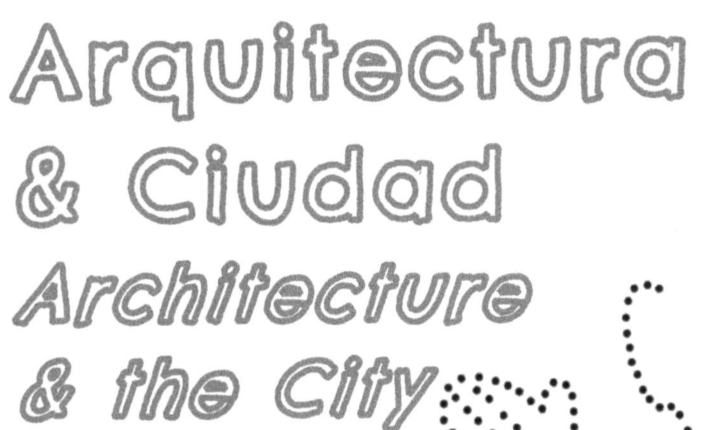

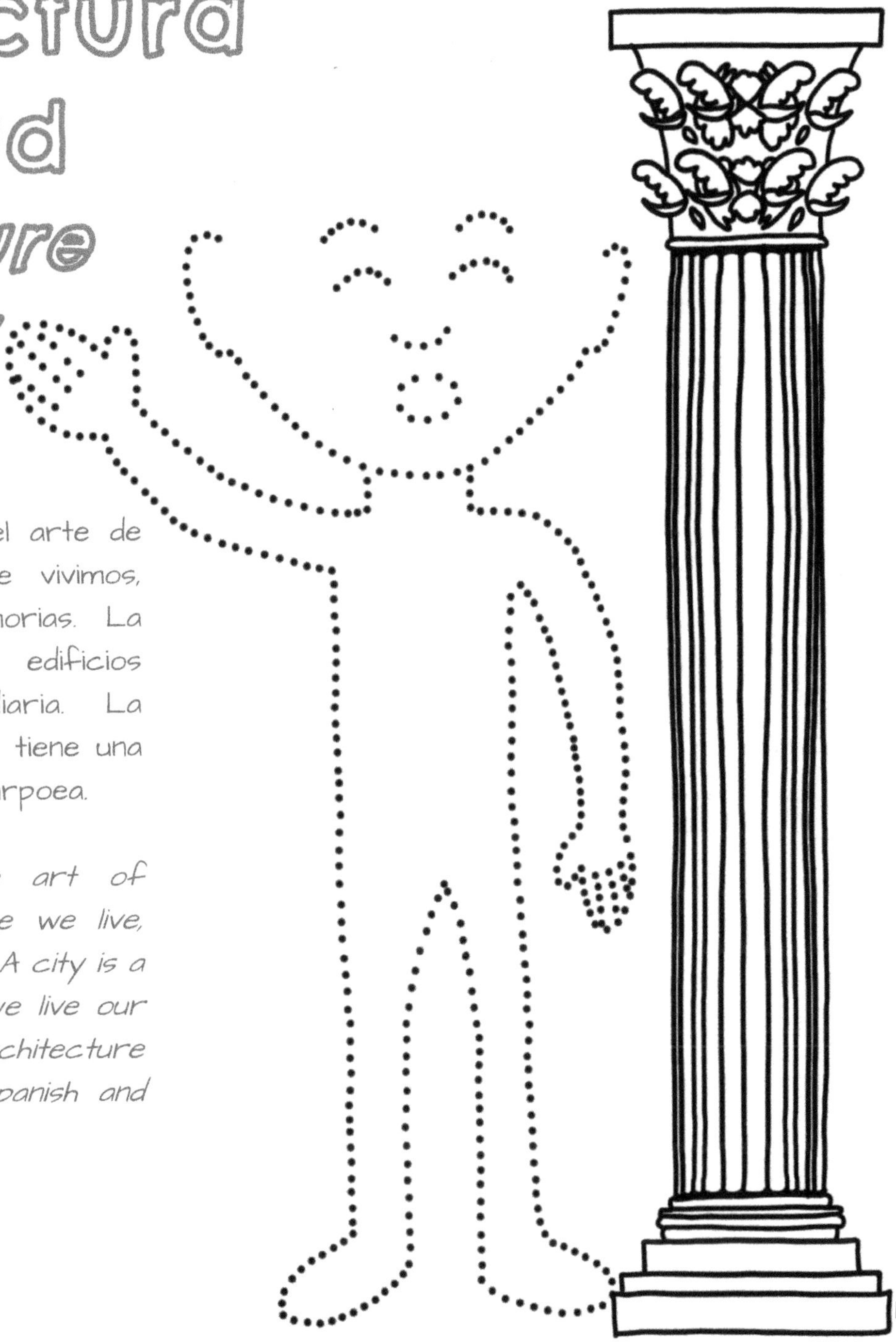

La arquitectura es el arte de diseñar los espacios donde vivimos, soñamos y creamos memorias. La ciudad es un grupo de edificios dedicados a la vida diaria. La arquitectura puertorriqueña tiene una gran influencia española y eurpoea.

Architecture is the art of designing the spaces where we live, dream, and make memories. A city is a group of buildings where we live our daily lives. Puerto Rican architecture is greatly influenced by Spanish and European architecture.

Casa típica del viejo San Juan
Typical House in Old San Juan

Casa típica del centro de la ciuidad o pueblo
Typical House from the Center of Town

Casas
Houses

Casas típicas de Puerto Rico
Typical Houses in Puerto Rico

Casa típica de la montaña
Typical House in the Mountains

Casa típica contemporánea puertorriqueña
Typical Puerto Rican Contemporary House

Casas
Houses

Casas típicas de Puerto Rico
Typical Houses in Puerto Rico

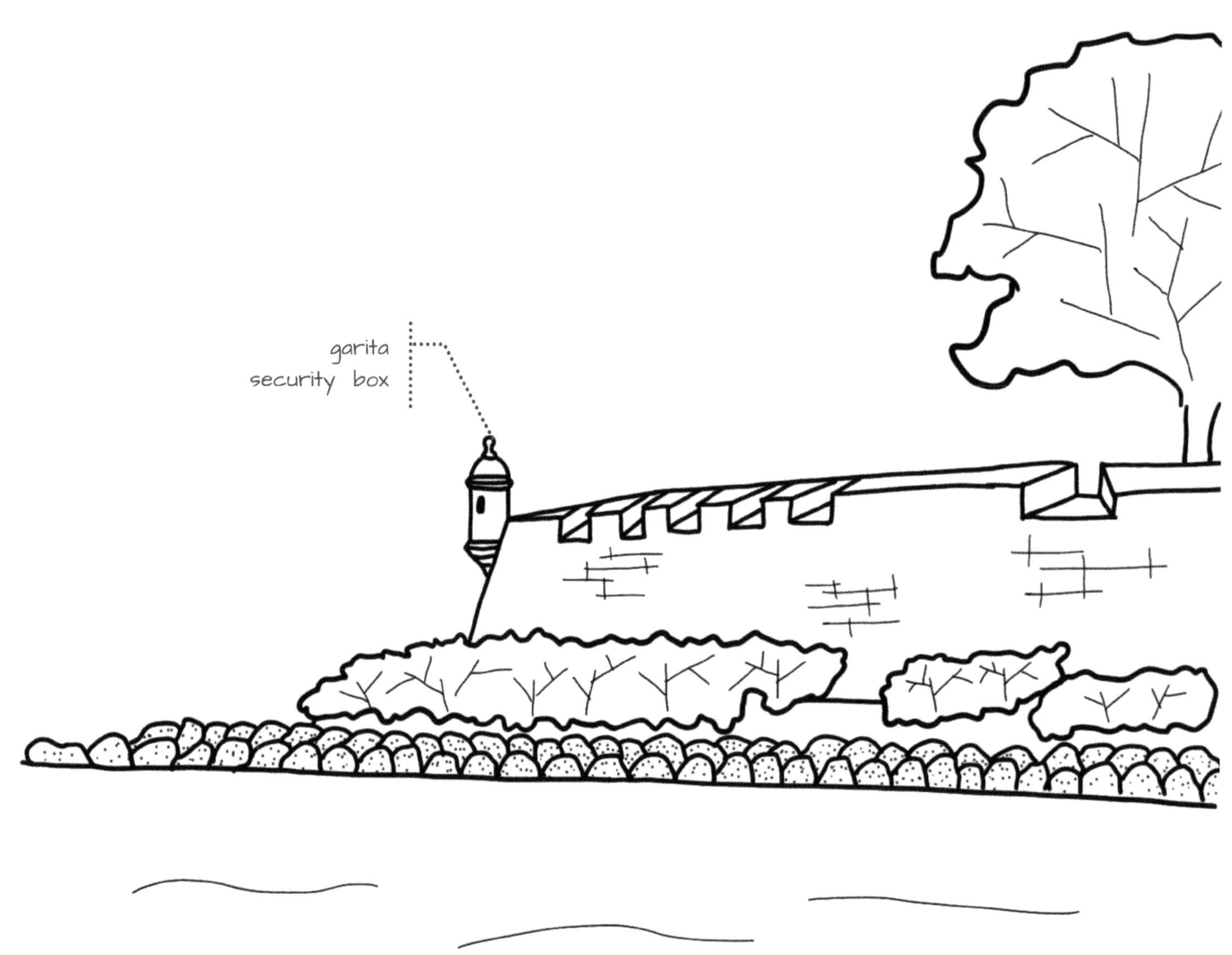

Castillo San Felipe del Morro
San Felipe del Morro Castle

Arquitectura Militar Española - Old San Juan, PR - Ingenieros: Tejeda y Bautista Antonelli

Spanish Military Architecture - Old San Juan, PR - Engineers: Tejeda and Bautista Antonelli

Capilla del Santo Cristo de la Salud
Santo Cristo de la Salud Chapel

Viejo San Juan, PR -Restauración por arquitecto: Rafael Carmoega
Old San Juan, PR -Restoration by Architect: Rafael Carmoega

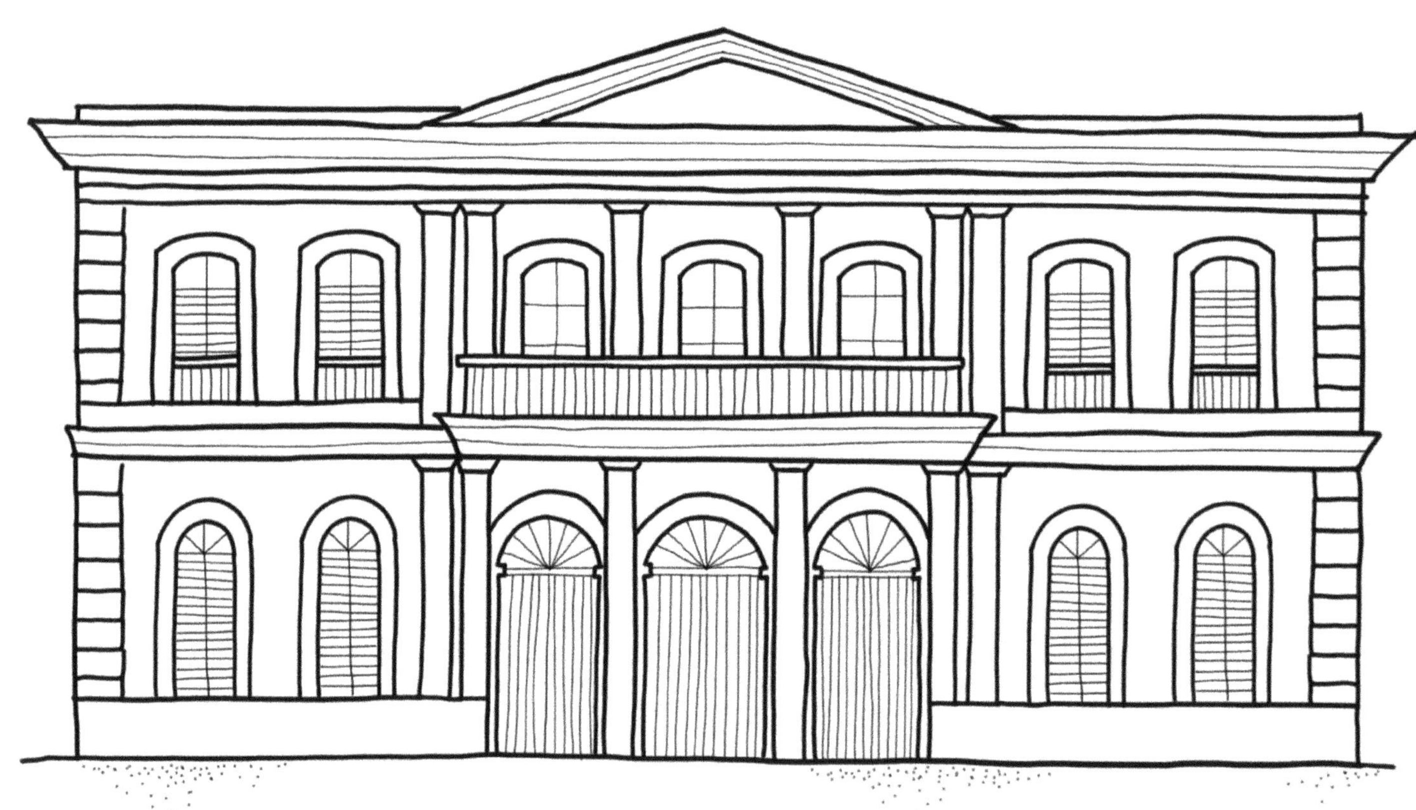

Antigua casa alcaldía de Caguas
Old Caguas Town Hall

Arquitectura Neoclásica - Caguas, PR
Neoclassical Architecture - Caguas, PR

Catedral Nuestra Señora de la Candelaria
Our Lady of the Candelaria Cathedral

Resurgimiento Español - Mayagüez, PR - Arquitecto: Don Luis F. Nieva

Spanish Revival - Mayagüez, PR - Architect: Don Luis F. Nieva

El Faro de Rincón

The Rincón Lighthouse

Estilo Neoclásico - Cabo Rojo, PR - Cuerpo de Ingenieros Español

Neoclassical Style - Cabo Rojo, PR - Spanish Corps of Engineers

Casa de Bombas de Ponce

Old Ponce Fire Station

Estilo Victoriano - Ponce, PR - Arquitecto: Máximo Meana

Victorian Style - Ponce, PR - Architect: Máximo Meana

Torre de la Universidad de Puerto Rico

University of Puerto Rico Clock Tower

Resurgimiento Español - Río Piedras, PR - Arquitectos: R. Carmoega & W. Schimmelpfenning

Spanish Revival - Río Piedras, PR - Architects: R. Carmoega & W. Schimmelpfenning

Hacienda Iruena Labadie

Iruena Labadie Estate

Arquitectura Neobarroca - Moca, PR - Arquictecto: Paul Servajean

Neo-Baroque Architecture - Moca, PR - Architect: Paul Servajean

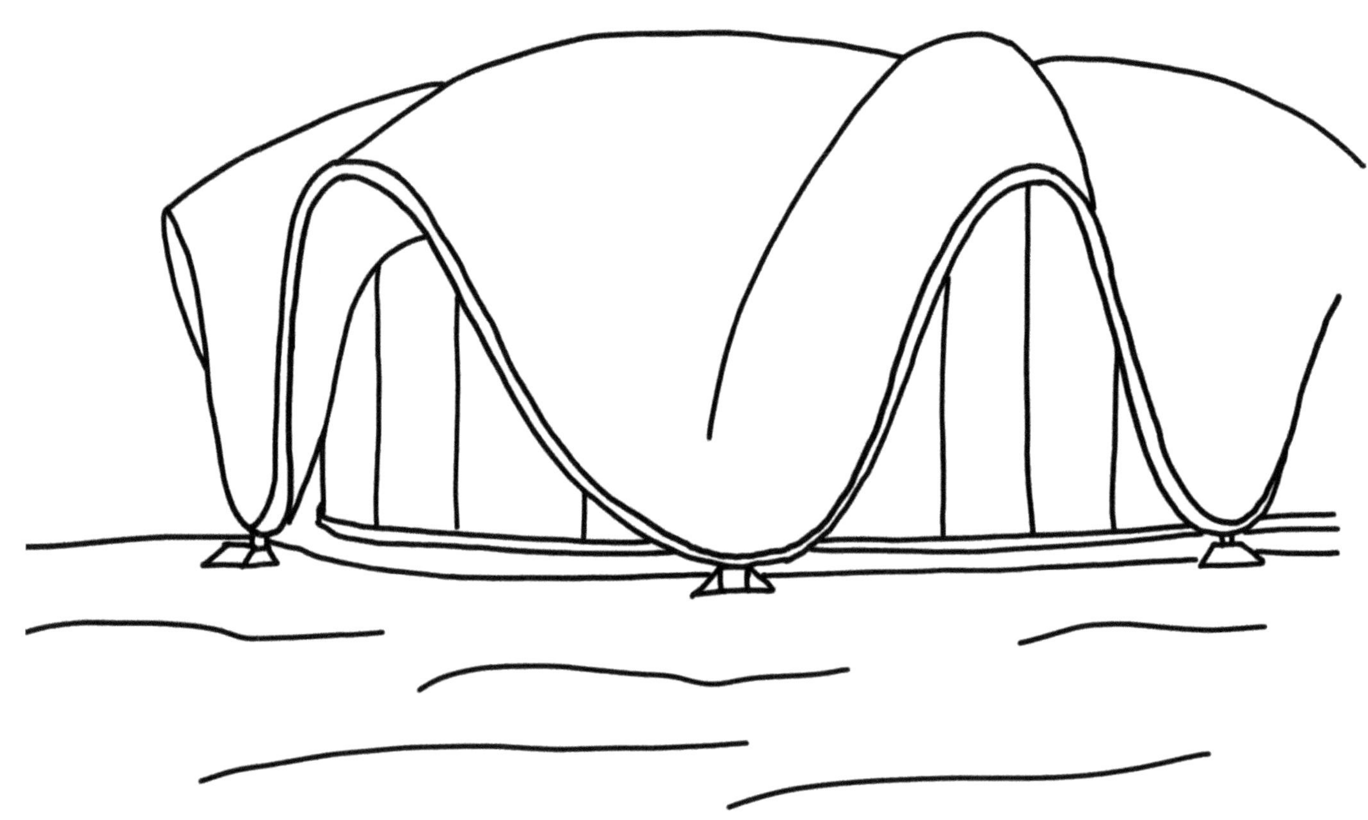

Restaurante del Hotel La Concha

Restaurant at La Concha Hotel

Arquitectura Moderna - San Juan, PR - Torro y Ferrer Arquitectos

Modern Architecture - San Juan, PR - Torro y Ferrer Arquitectos

Coliseo de Puerto Rico José Miguel Agrelot

José Miguel Agrelot Coliseum of Puerto Rico

Arquitectura Contemporanea- San Juan, PR - Arquitectos: Sierra Cardona Ferrer & HOK

Contemporary Architecture - San Juan, PR - Architects: Sierra Cardona Ferrer & HOK

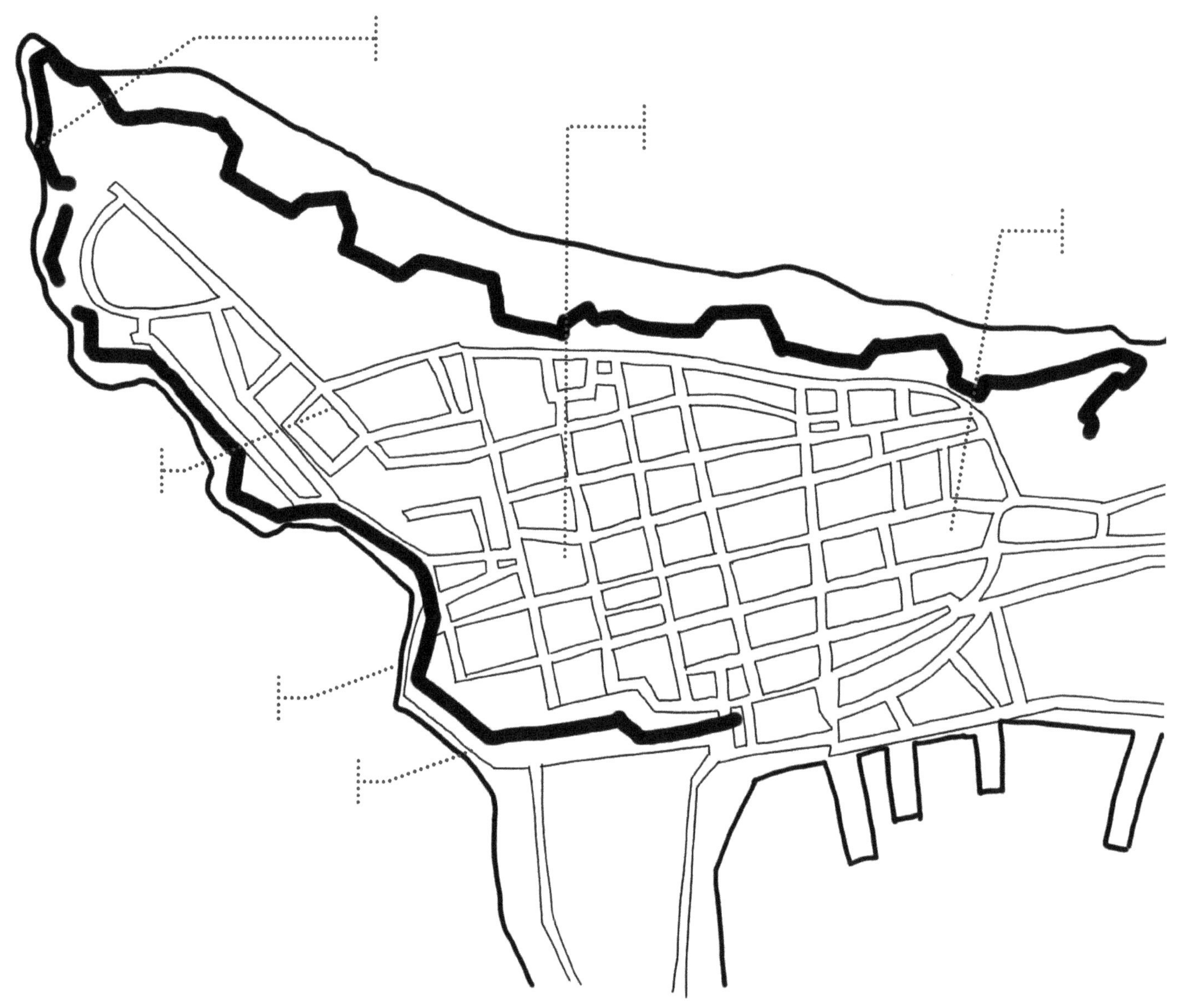

Vista aérea del viejo San Juan
Aerial View of Old San Juan

Identifica seis lugares del Viejo San Juan.
Identify six places in Old San Juan.

G-209

El Viejo San Juan

Old San Juan

Dibuja uno de los edificios identificados en la página anterior.

Draw one of the buildings identified on the previous page.

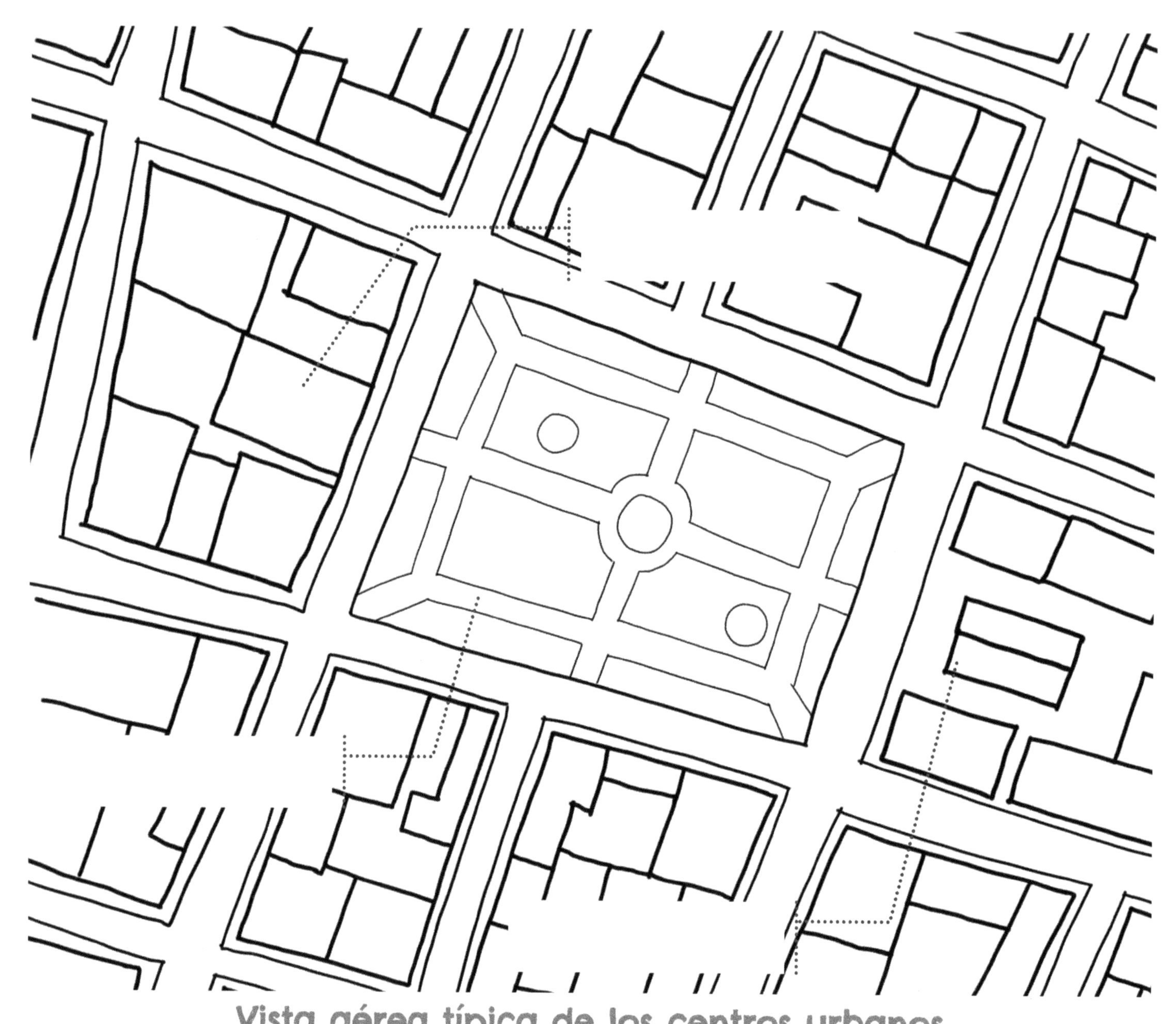

Vista aérea típica de los centros urbanos
Aerial View of a Typical City Center

Escoge un pueblo e identifica la plaza, la iglesia y la casa alcaldía en el dibujo.

Choose a town and identify on the drawing the church, public square, and city hall building.

Centros urbanos
City Centers

Dibuja uno de los edificios identificados en la página anterior.
Draw one of the buildings identified on the previous page.

Dibuja tu Edificio Favorito

Draw Your Favorite Building

Explora y diibuja tu edificio puertorriqueño favorito

Explore and draw your favorite Puerto Rican building.

Literatura
Literature

La literatura es el arte de la expresión en forma escrita. El tema principal de la literatura puertorriqueña es el amor a la patria. Los escritores crearon un retrato de la sociedad puertorriqueña para futuras generaciones utilizando géneros literarios como la poesía, el teatro, la novela, el cuento y el ensayo para expresar sus sentimientos.

Literature is the art of expression in written form. The main theme of Puerto Rican literatura is love for the island. Writers have created a portrait of Puerto Rican society for future generations, using genres like poetry, theater, novels, short stories, and essays to express their feelings.

En la brecha

José de Diego

¡Ah desgraciado si el dolor te abate,
si el cansancio tus miembros entumece!
Haz como el árbol seco: reverdece
y como el germen enterrado: late.

Resurge, alienta, grita, anda, combate,
vibra, ondula, retruena, resplandece...
Haz como el río con la lluvia: ¡crece!
Y como el mar contra la roca: ¡bate!

De la tormenta al iracundo empuje,
no has de balar, como el cordero triste,
sino rugir, como la fiera ruge.

¡Levántate!, ¡revuélvete!, ¡resiste!
Haz como el toro acorralado: ¡muge!
O como el toro que no muge: ¡embiste!

Río Grande de Loíza

Julia de Burgos

(. . .)

¡Río Grande de Loíza!... Azul. Moreno. Rojo.
Espejo azul, caído pedazo azul de cielo;
desnuda carne blanca que se te vuelve negra
cada vez que la noche se te mete en el lecho;
roja franja de sangre, cuando bajo la lluvia
a torrentes su barro te vomitan los cerros.

Río hombre, pero hombre con pureza de río,
porque das tu azul alma cuando das tu azul beso.

Muy señor río mío. Río hombre. Unico hombre
que ha besado mi alma al besar en mi cuerpo.

¡Río Grande de Loíza!... Río grande. Llanto grande.
El más grande de todos nuestros llantos isleños,
si no fuera más grande el que de mí se sale
por los ojos del alma para mi esclavo pueblo.

Poesía
Poetry

La poesía es un texto escrito en forma de versos y rimas.
Poetry is text written in the form of verses and rhymes.

A Puerto Rico

José Gautier Benítez

Por fin, corazón, por fin,
alienta con la esperanza,
que entre nubes de carmín
del horizonte al confín,
ya la tierra a ver se alcanza.

Luce la aurora en Oriente
rompiendo pardas neblinas,
y la luz, como un torrente,
se tiende por la ancha frente
de verdísimas colinas.

Ya se va diafanizando
de la mar la espesa bruma;
el buque sigue avanzando,
y va la tierra brotando
como Venus de la espuma.

(. . .)

Cuba y Puerto Rico son de un pájaro las dos alas

Lola Rodríguez de Tió

Cuba, Cuba, a tu ribera
llego triste y desolada,
al dejar la patria amada
donde vi la luz primera!
Sacude el ala ligera
la radiante inspiracion,
responde mi corazón
en nobles afectos ricos,
la hija de Puerto Rico
lanza al viento su canción!

Mas las nieblas del olvido
no han de empañar los reflejos
del hogar que miro lejos
tras de los mares perdido!...
Otro aquí vengo a formar
y ya no podré olvidar
que el alma llena de anhelo,
encuentra bajo este cielo
aire y luz para cantar!

(. . .)

Poesía

Poetry

La poesía es un texto escrito en forma de versos y rimas.
Poetry is text written in the form of verses and rhymes.

La Llamarada

Enrique Laguerre

Primera Parte: Surcos Abiertos

Quise «quemar las naves», de manera que mis ansias sentimentales se viesen privadas de embarcar y tuviesen que sucumbir afrontando peligros. Los afanes de vivir cotidiano pidieron ausencia, una larga ausencia -arma de combate- en su guerra con los sentimientos. Fue un reto que les llevó al triunfo, y la Resistencia del corazón result una inolvidable derrota. De dicha derrota sólo me quedó la inevitable amargura de los vencidos. Mas los afanes de vivir cotidiano siguieron imponiéndose. Y huí. Huí envuelto en la sombra de una tristeza sin nombre.

(. . .)

La Canción Verde

Doris Troutman Plenn

En la isla de Puerto Rico, tierra de eterna primavera y clima siempre cálido, habitan unos seres diminutos. Semejan ranas arbóreas, y se les llama coquíes. Viven entre las plantas verdes y creen que las cosas que no son verdes no valen tanto como las que lo son.

(. . .)

Novela
Novel

La novela es una narración larga en forma de prosa que cuenta una historia ficticia.
A novel is a long prose narration that tells a fictional story.

La carreta

René Marqués

DOÑA GABRIELA - (*De mal humor.*) ¡Changuito! (*Changuito se detiene sobresaltado y reaccionando de una carrera veloz y desaparece por la puerta de la izquierda. Entra Doña Gabriela por la puerta de la derecha. Trae en sus manos unos cuantos utensilios de cocina pequeños que coloca en una de las cajas. Viene rezongando.*)
DOÑA GABRIELA - (*De mal humor*) Ehto no se acaba nunca. Y ese demonio e muchacho aónde ehtará. (*Llamando.*) ¡Changuitooo! (*Va a la puerta de la izquierda.*) ¡Changuitooo...! Mira aonde ehtá y no rehponde. ¡Deja ese mardito trompo y ven a lavarte loh jocicoh! Que vengah te digo. Que se jase tarde. (*Volviéndose.*) ¡Condenao muchacho!

(. . .)

Por amor en el caserío

Antonio Morales Cruz

MILLA
...Nena, y entonces la desahuciaron del apartamento. La botaron como bolsa, le trajeron hasta los federales ¡Súper Mega Exclusivo! Pa'que te enteres comay. Y en parte bueno que le pase, porque los hogares son pa' respetarse no pa' convertirlos en hospitalillos.

ESPERANZA
Ay Virgen, (deja de doblar) quiere decir que ahora la pobre María está deambulante. ¡Qué pena! Una mujer tan bonita antes... secretaria legal, madre ejemplar, ¿quién lo diría?... hoy adicta y sin hogar. Es triste comay.

(. . .)

Teatro
Theater

El teatro es un escrito en forma de diálogo para ser representado frente a un público.
A theater play is written as a dialogue to be presented in front of an audience.

Las doctrinas y los hombres

Eugenio María de Hostos

I. Uno de los deberes más sagrados del escritor de buena fe y de todo aquel que con ánimo recto y desinteresados propósitos aspira a ser útil a sus semejantes y servir la noble causa de la verdad consiste, sobre todo en épocas en que, como la presente, la anarquía moral lo invade todo, en poner de manifiesto con esa entereza que sólo la convicción y la lealtad pueden inspirar lo que hay de verdadero o de imaginario en las declamaciones con que los explotadores de las calamidades públicas se proponen en todas épocas extraviar el juicio de la multitud, siempre más impresionable que reflexiva.

(. . .)

Pulseando con el difícil

Ana Lydia Vega

(. . .)

Otra forma de legitimizar el estudio del inglés -y no es ciertamente la más fácil- consiste enfortalecer el del español, actualizando el programa de lecturas y modernizando las estrategias para lapráctica de la redacción. Un pueblo seguro de su lengua propia puede encararse, sin miedo y con alegría,al conocimiento de otras que ya no constituirían una amenaza de desintegración moral sino una promesade expansión espiritual.

(. . .)

Ensayo

Essay

El ensayo es un escrito corto de reflexión personal.

An essay is a short written work of personal reflection.

El josco

Abelardo Díaz Alfaro

Sombra imborrable del Josco sobre la loma que domina el valle del Toa. La cabeza erguida, las aspas filosas estoqueando el capote en sangre de un atardecer luminoso. Aindiado, moreno, la carrilluda en sombras, el andar lento y rítmico. La baba gelatinosa le caía de los belfos negros y gomosos, dejando en el verde enjoyado estela plateada de caracol. Era hosco por el color y por su carácter reconcentrado, huraño, fobioso, de peleador incansable. Cuando sobre el lomo negro del cerro Farallón las estrellas clavaban sus banderillas de luz, lo veía descender la loma, majestuoso, doblar la recia cerviz, resoplar su aliento de toro macho sobre la tierra virgen y tirar un mugido largo y potente para las rejoyas del San Lorenzo.

(. . .)

El jíbaro en la capital

Manuel A. Alonso

Don José de los Reyes Pisafirme es uno de mis buenos y antiguos amigos. En el pueblo de Caguas donde él nació y adonde fueron a vivir mis padres cuando yo contaba tres años de edad, asistimos juntos a la escuela, y tanto la población como el hermoso valle que la rodea fueron el teatro de nuestras correrías y travesuras infantiles.

Mi amigo, que es labrador acomodado, tiene ya bastantes años; aunque los lleva con la salud y robustez de un joven. En sus buenos tiempos fue muy trabajador, buen jinete y bailador incansable; hoy es un viejo sesudo y de buen juicio, que así maneja todavía el arado, como sirve una plaza de concejal, y hasta la presidencia, en el ayuntamiento de su pueblo..

(. . .)

Cuento
Short Stories

El cuento es un escrito de ficcion corto.
A short story is a brief fictional work.

	Poema *Poem*	Autor *Author*
1.		
2.		
3.		
4.		
5.		

Lista de poemas puertorriqueños
List of Puerto Rican Poems

Explora y crea una lista de otros poemas puertorriqueñas

Explore and make a list of other Puerto Rican poems.

Costumbres & Tradiciones
Customs & Traditions

Las costumbres y tradiciones son actividades que se mantienen de generación en generación. Puerto Rico es un país rico en tradiciones. Muchas de sus costumbres son una mezcla de tradiciones taínas, españolas y africanas.

Dibujate en esta pagina como un jíbaro puertorriqueño. ¡Lelolai!

The traditions and customs of a country are activities passed down from generation to generation. Puerto Rico is a country rich in traditions with roots in the Taíno, Spanish, and African cultures.

Draw yourself as a Puerto Rican countryman or countrywoman. Lelolai!

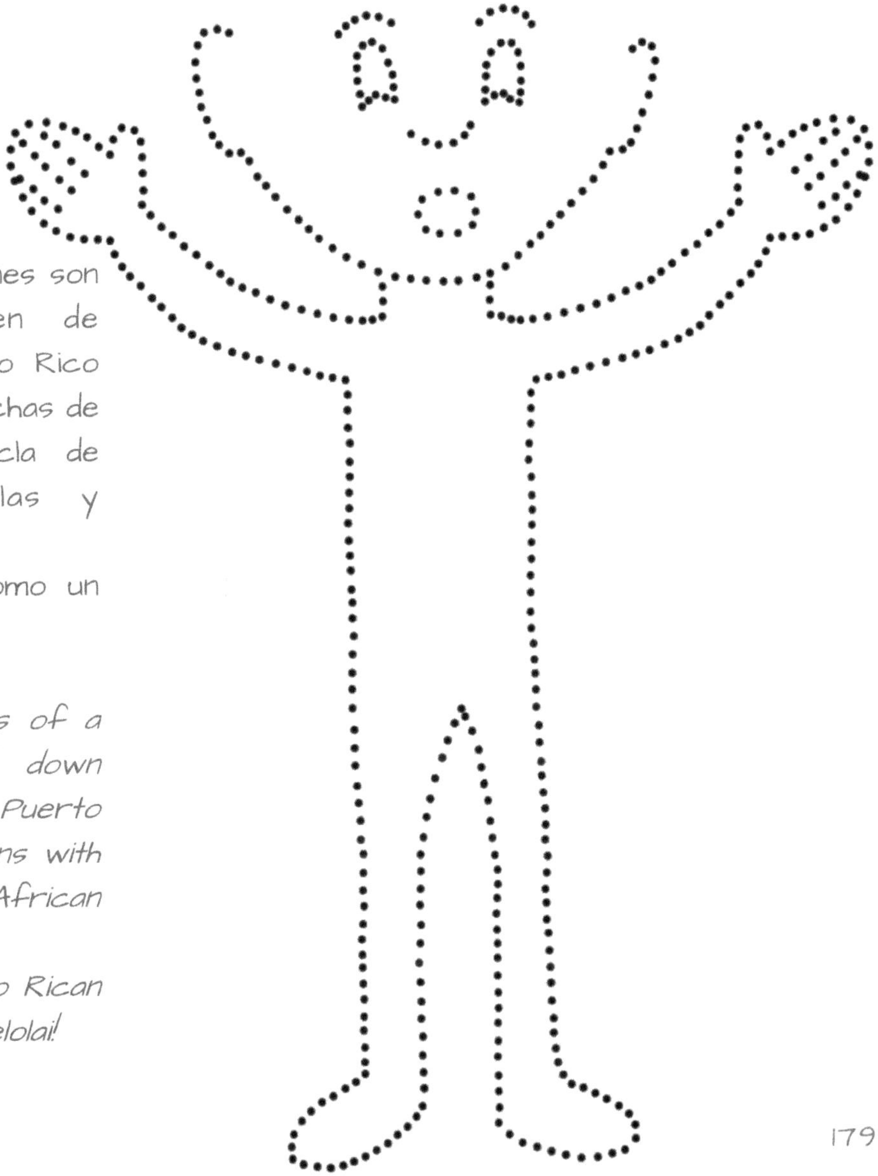

Cabezudos y vejigantes
Oversized Festival Masks

Máscaras de tamaño exagerado usadas en festivales.
Oversized masks used in festivals.

Pase Misín

Cantando:
"Pase misín, pase misón
por la puerta del cajón,
los de alante corren mucho
y los de atrás se quedarán...
El puente se está cayendo,
se está cayendo
se está cayendo
Y se cayó"

Juegos tradicionales infantiles

Traditional Children's Games

¿Cómo se juega "Pase Misín"? Explora y juega otros juegos tradicionales.

How is "Pase Misín" played? Explore and play other traditional games.

Chinchorreo

Kiosk Hopping

Visitar y comer en varios kioskos de comida.

Visit and eat at various food kiosks.

Show de Títeres

Puppet Show

Un show en vivo de marionetas para niños.

A live puppet show for children.

Carrito de piraguas
Piraguas Cart

Un merienda puertorriqueña hecha de escarcha de hielo con variedad de sabores. Los carritos se encuentran en plazas públicas y festivals.
¿Cuál es tu sabor favorito?

A Puerto Rican snack made of shaved ice in different flavors. The carts can be found in public squares and festivals. Which one is your favorite flavor?

Carrito de chicharrón vola'o
Pork Rind Cart

Los carritos se encuentran en plazas públicas y festivals.

The carts can be found in public squares and festivals.

La bendición
The Blessing

Forma en que tradicionalmente los niños saludan a sus padres.
A traditional way that children greet their parents.

Fiestas de la Calle San Sebastián

The San Sebastián Street Festival

Un festival en la calle San Sebastián del Viejo San Juan que indica el fin de la época Navideña.

A festival on San Sebastián Street in Old San Juan that signals the end of the Christmas season.

Epifanía o día de los Tres Reyes Magos

Epiphany or Three Kings' Day

Tradición que celebra la visita de los tres reyes magos al niño Jesús.

Tradition that celebrates the Three Kings' visit to Baby Jesus.

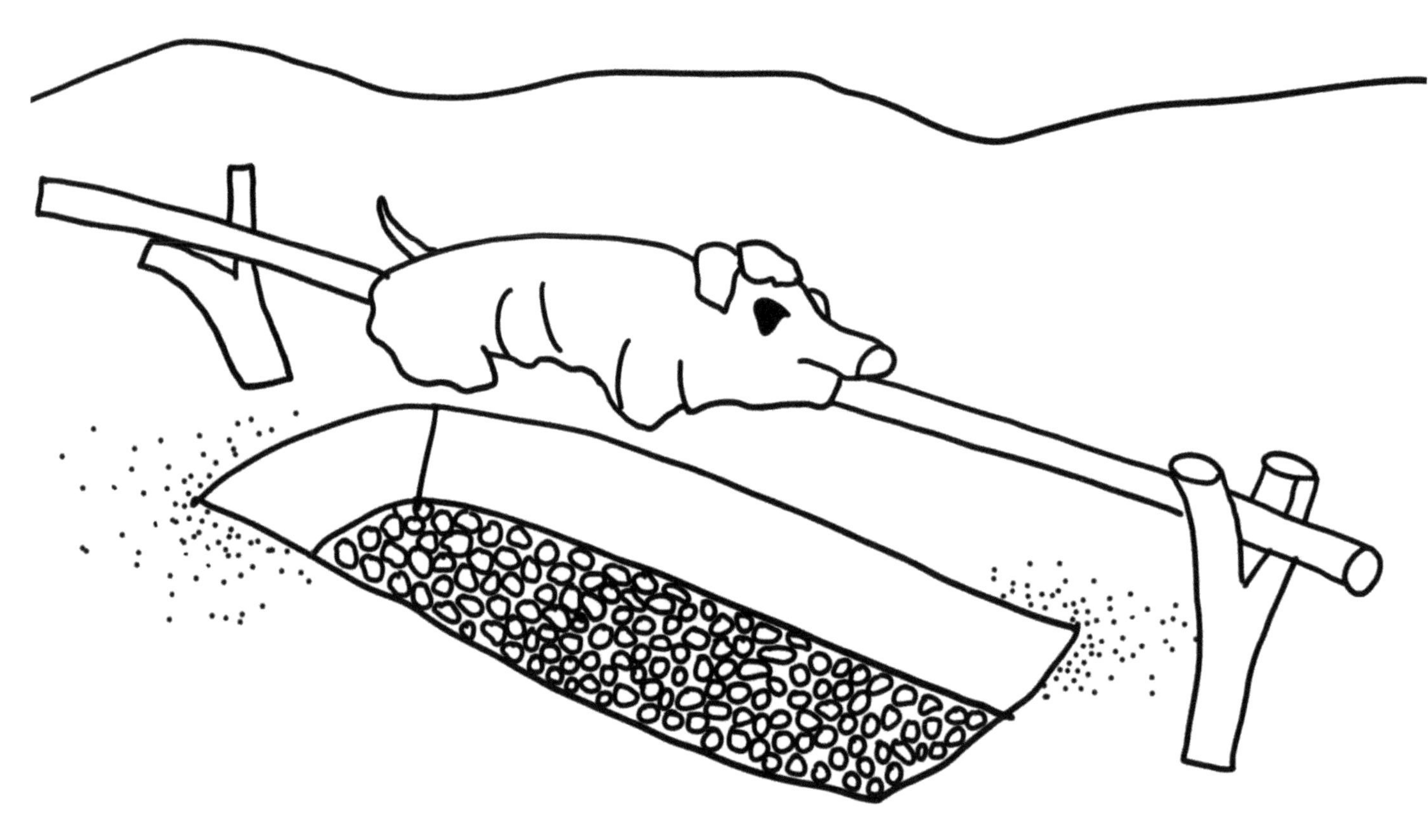

Lechón a la varita

Roasted Pig

Comida tradicional durante la época navideña.

Traditional Christmas dish

Parranda, Trulla o Asalto

The "Assaults"

La tradición navideña donde un grupo tocando música visita a una familia en medio de la noche.

Christmas tradition in which a group playing music visits a family in the middle of the night.

Costumbre & Tradiciones

Customs & Traditions

Explora y dibuja tu costumbre o tradición favorita

Explore and draw your favorite custom or tradition

-"Que divertida y hermosa aventura. ¡Con razón le llaman a Puerto Rico la Isla del Encanto!"

-"What a fun and beautiful adventure. No wonder they call Puerto Rico, the Island of Enchantment!"

Identifica todos los lugares visitados
Identify All of the Places Visited

Colorea todos los municipios que visitamos en esta aventura.

Color all the municipalities we visited on this adventure.

Tu parte favorita de esta aventura
Favorite Part of This Adventure

Haz un dibujo de tu parte favorita.
Make a drawing of your favorite part.

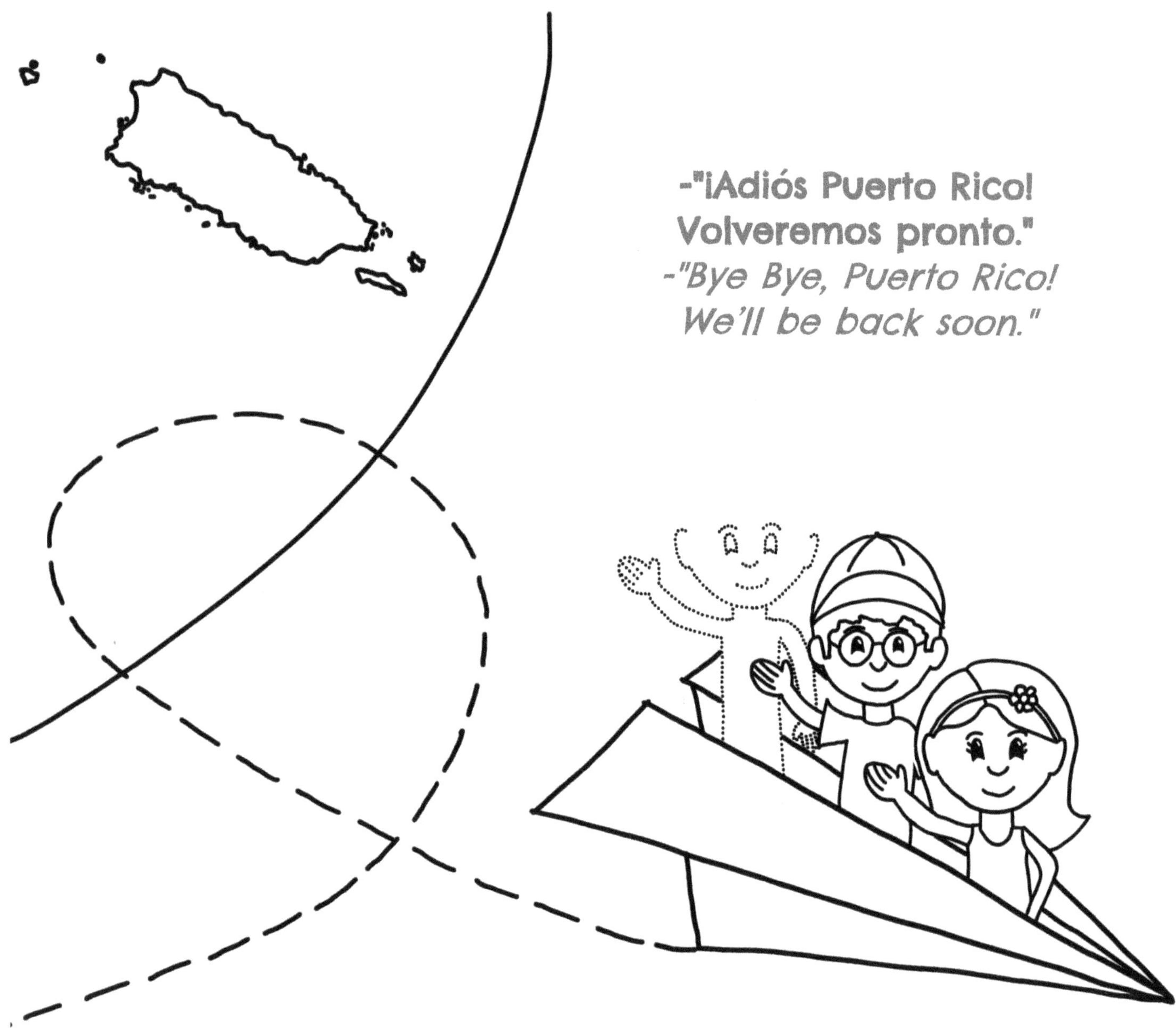

-"¡Adiós Puerto Rico! Volveremos pronto."

-"Bye Bye, Puerto Rico! We'll be back soon."

Referencias
References

Abelardo Díaz Alfaro, *El josco*
Ana Lydia Vega, *Pulseando con el difícil*
Antonio Morales Cruz, *Por Amor en el Caserío*
Diccionario Oxford
Doris Troutman Plenn, *La Canción Verde*
Elegna Rodríguez Sanabria, *Arquitectura y Turismo, Guía para la apreciación e interpretación de la arquitectura puertorriqueña*
Edwin Miner Solá (compilador), *Las más bellas poesías de Puerto Rico*
Enciclopedia Británica
Enrique Laguerre, *La Llamarada*
Eugenio María de Hostos, *Las doctrinasy los hombres*
Fernando Picó, *Historia general de Puerto Rico*
Manuel Alonso, *Ej jíbaro en la capital*
René Marqués, *La carreta*

Agradecimientos a
Heartfelt thanks to

Mi querido esposo Darioush Charepoo por todo su apoyo.
Elegna Rodríguez Sanabria por editar la parte en español del libro.
Leanna Guillén Mora por editar la parte en inglés del libro.

My beloved husband Darioush Charepoo for all his support.
Elegna Rodríguez Sanabria for editing the Spanish part of the book.
Leanna Guillén Mora for editing the English part of the book.

Guía del Educador

Educator's Guide

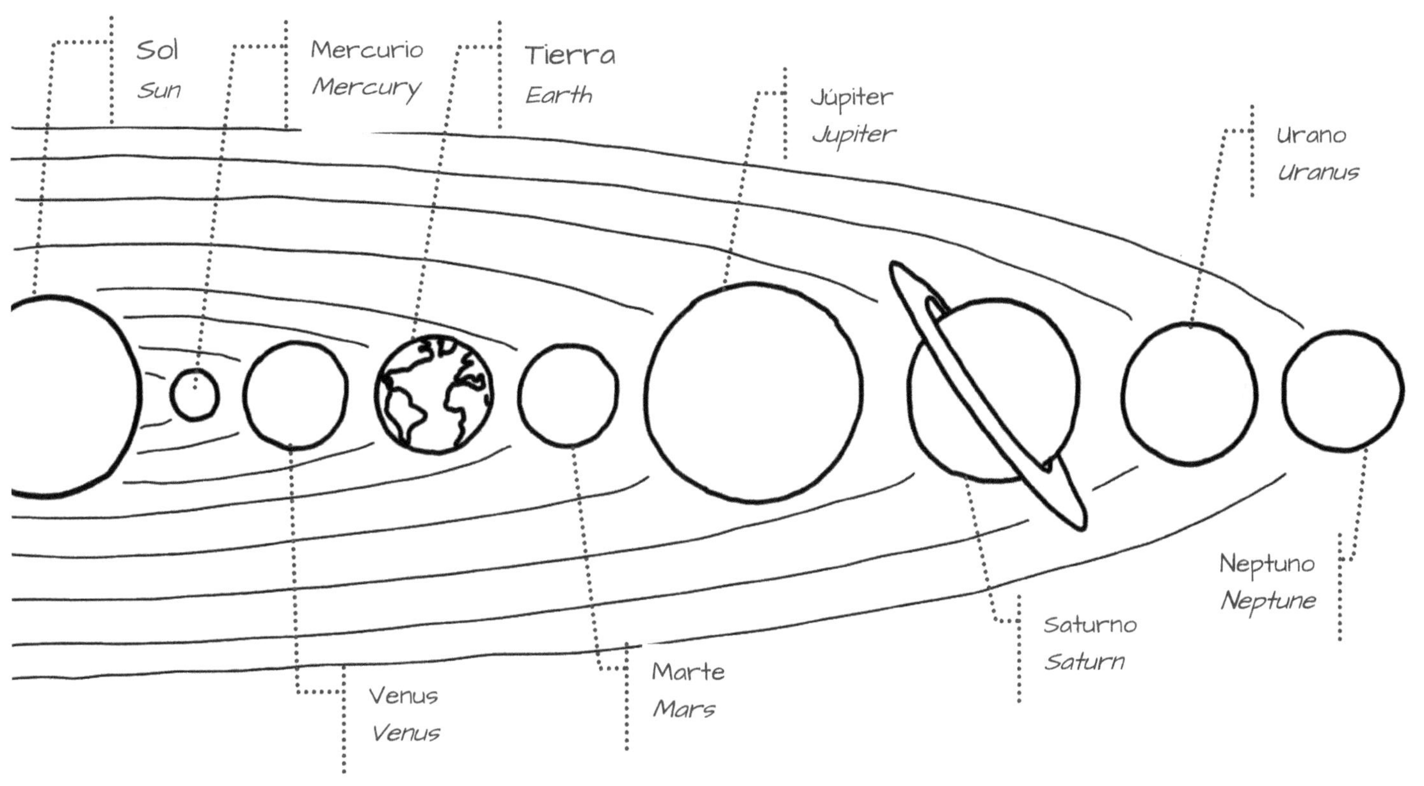

El sistema solar
The Solar System

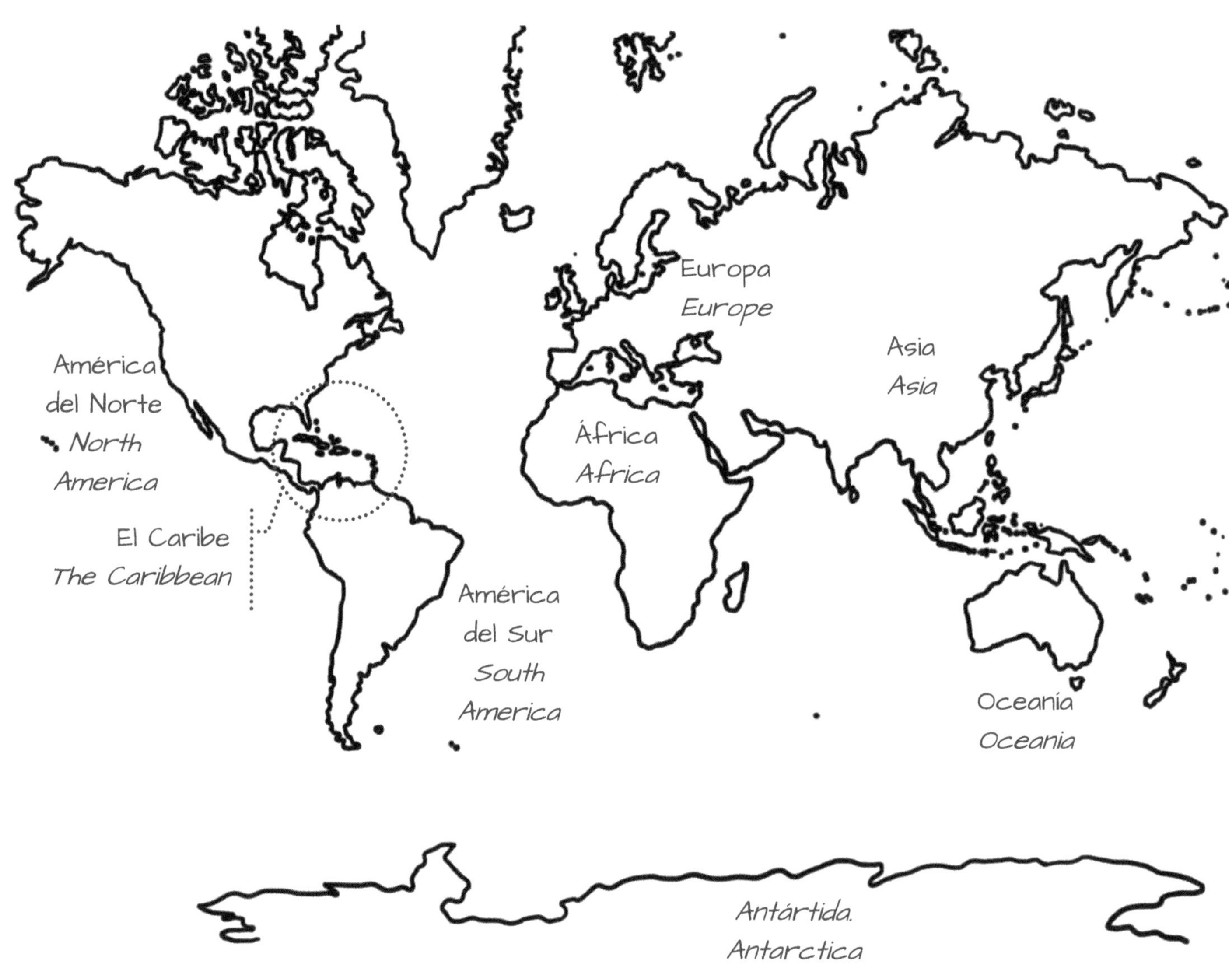

Los continentes del Planeta Tierra
The Continents of Planet Earth

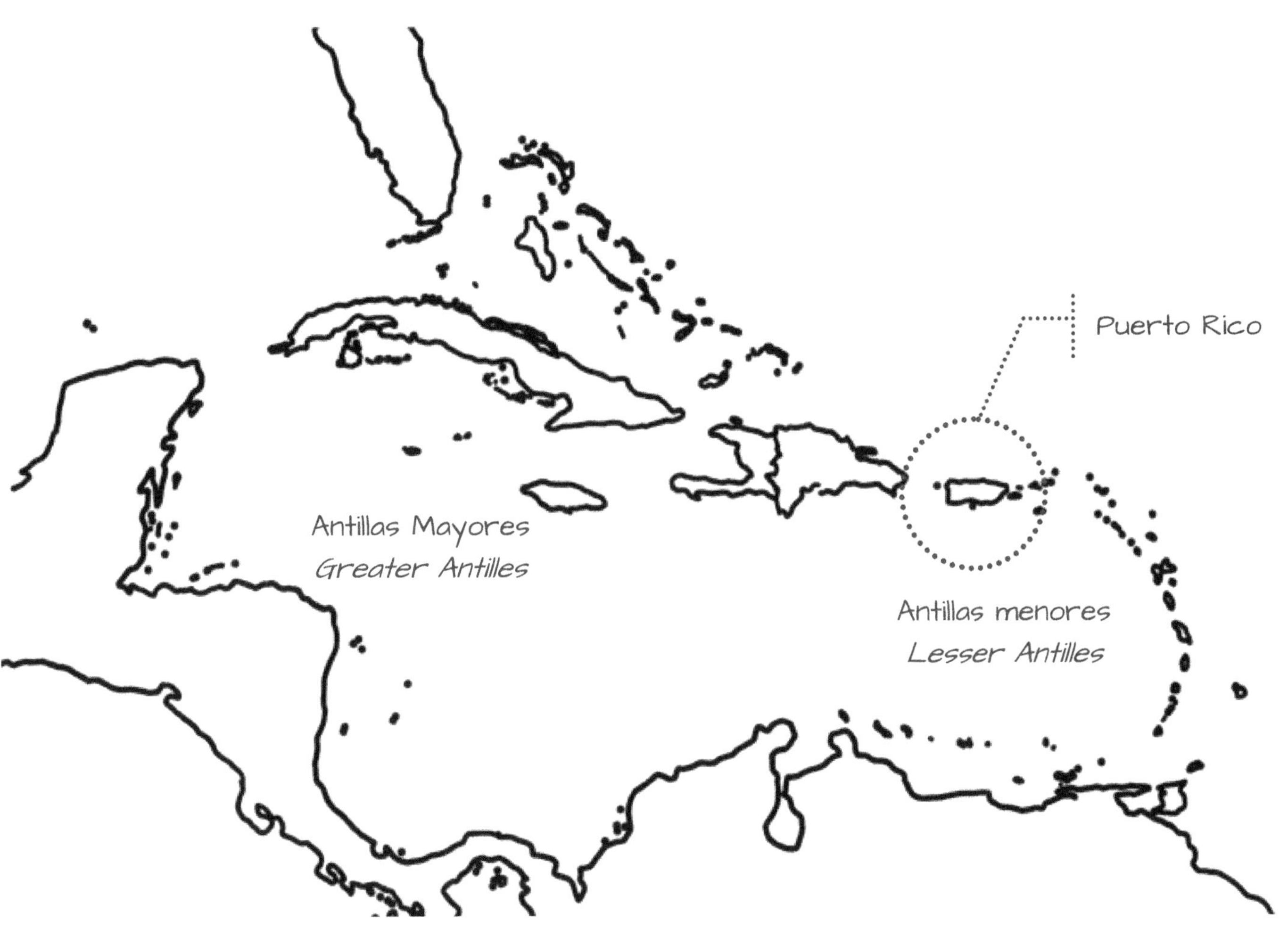

El caribe
The Caribbean

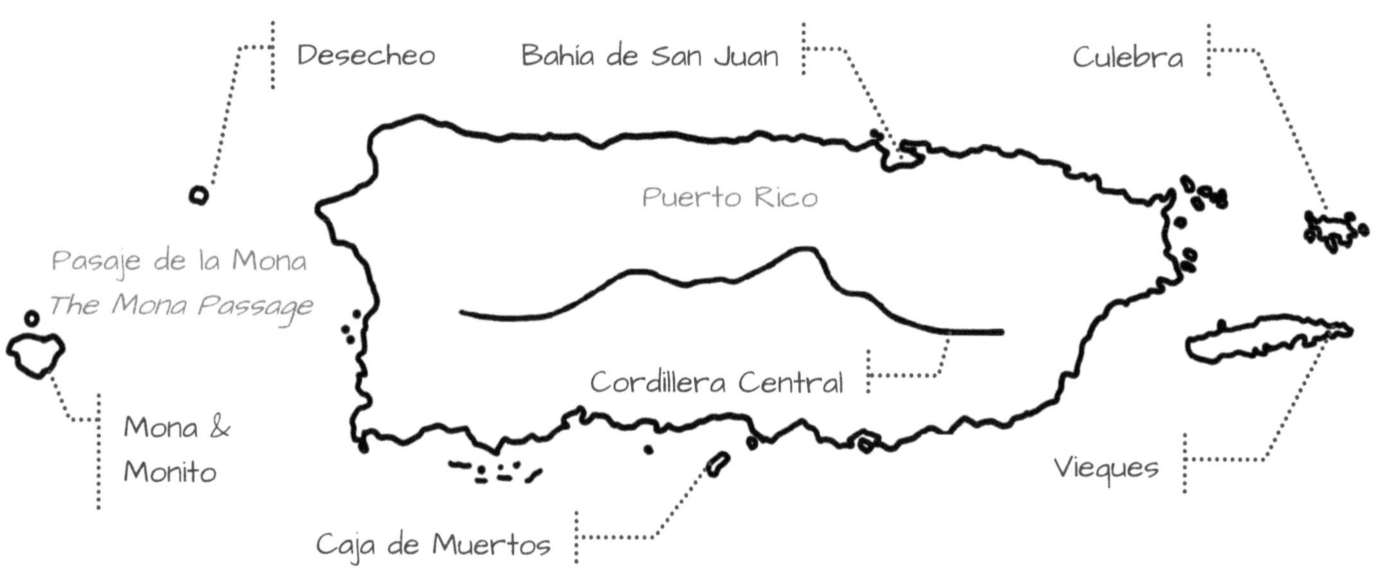

El archipiélago de Puerto Rico
The Archipelago of Puerto Rico

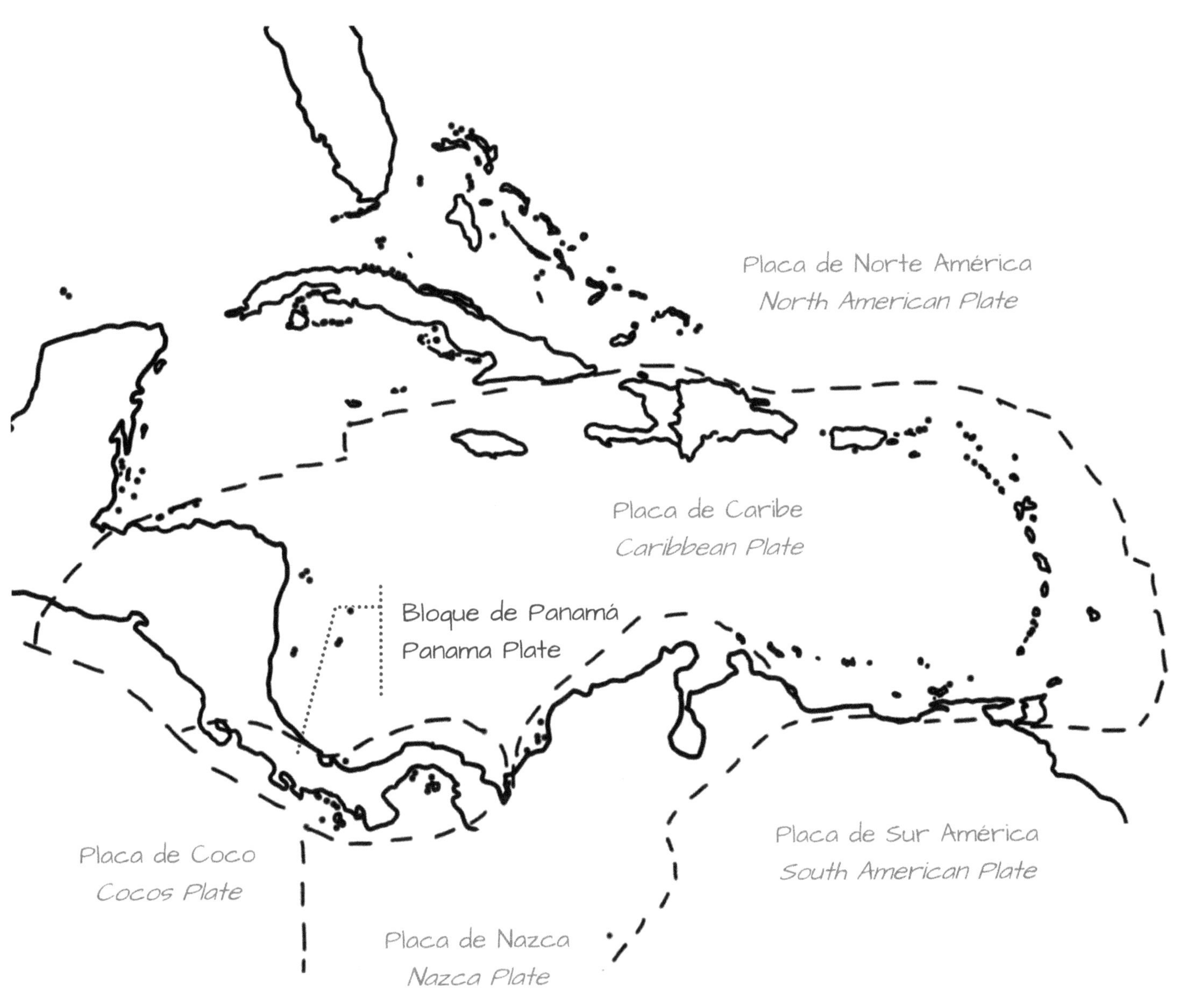

Placas tectónicas del Caribe
Tectonic Plates of the Caribbean

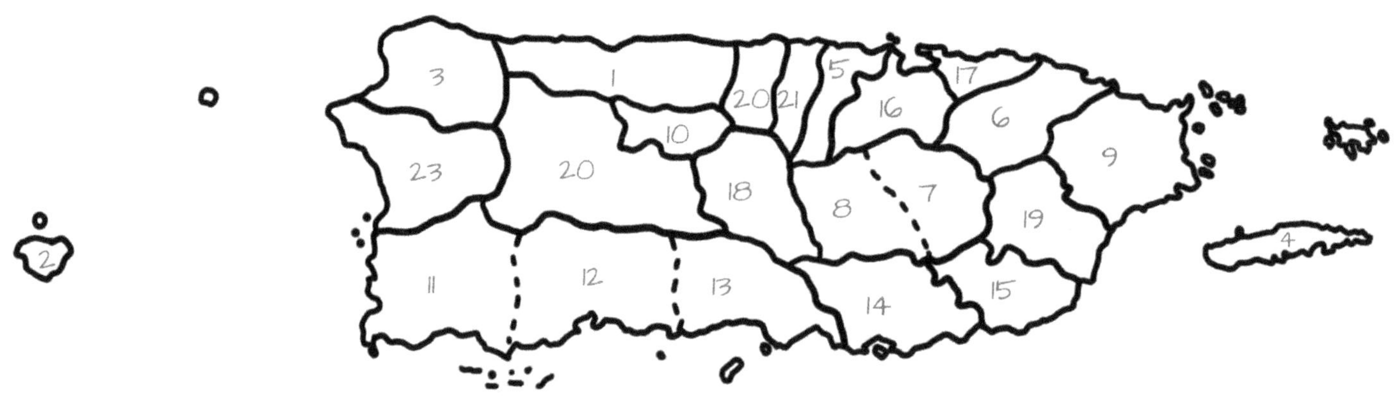

Los yukayekes o aldeas de Borikén
Borikén's Yukayekes, or villages

Los municipios de Puerto Rico

The Municipalities of Puerto Rico

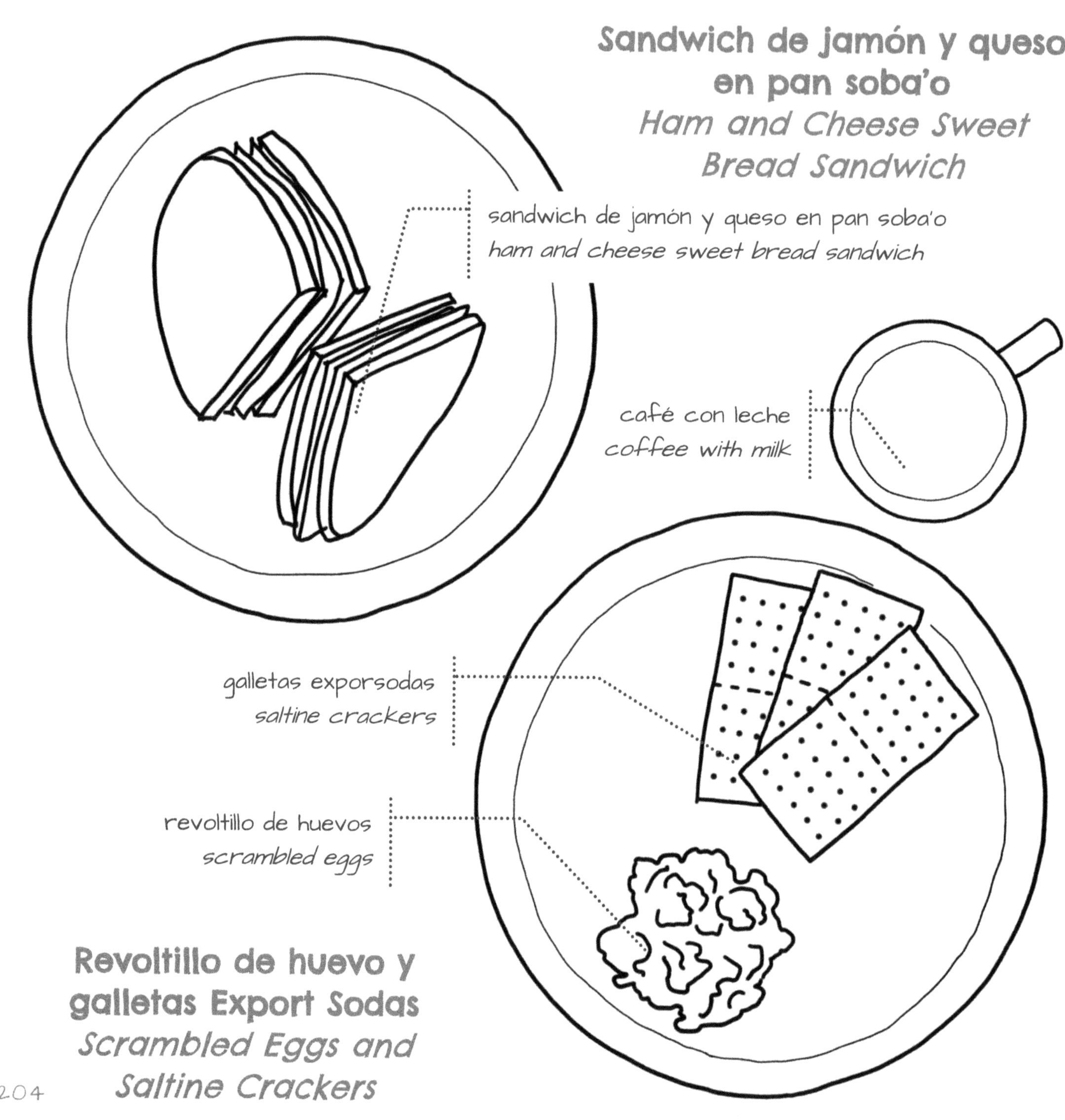
Sandwich de jamón y queso en pan soba'o
Ham and Cheese Sweet Bread Sandwich
sandwich de jamón y queso en pan soba'o
ham and cheese sweet bread sandwich
café con leche
coffee with milk
galletas exporsodas
saltine crackers
revoltillo de huevos
scrambled eggs
Revoltillo de huevo y galletas Export Sodas
Scrambled Eggs and Saltine Crackers

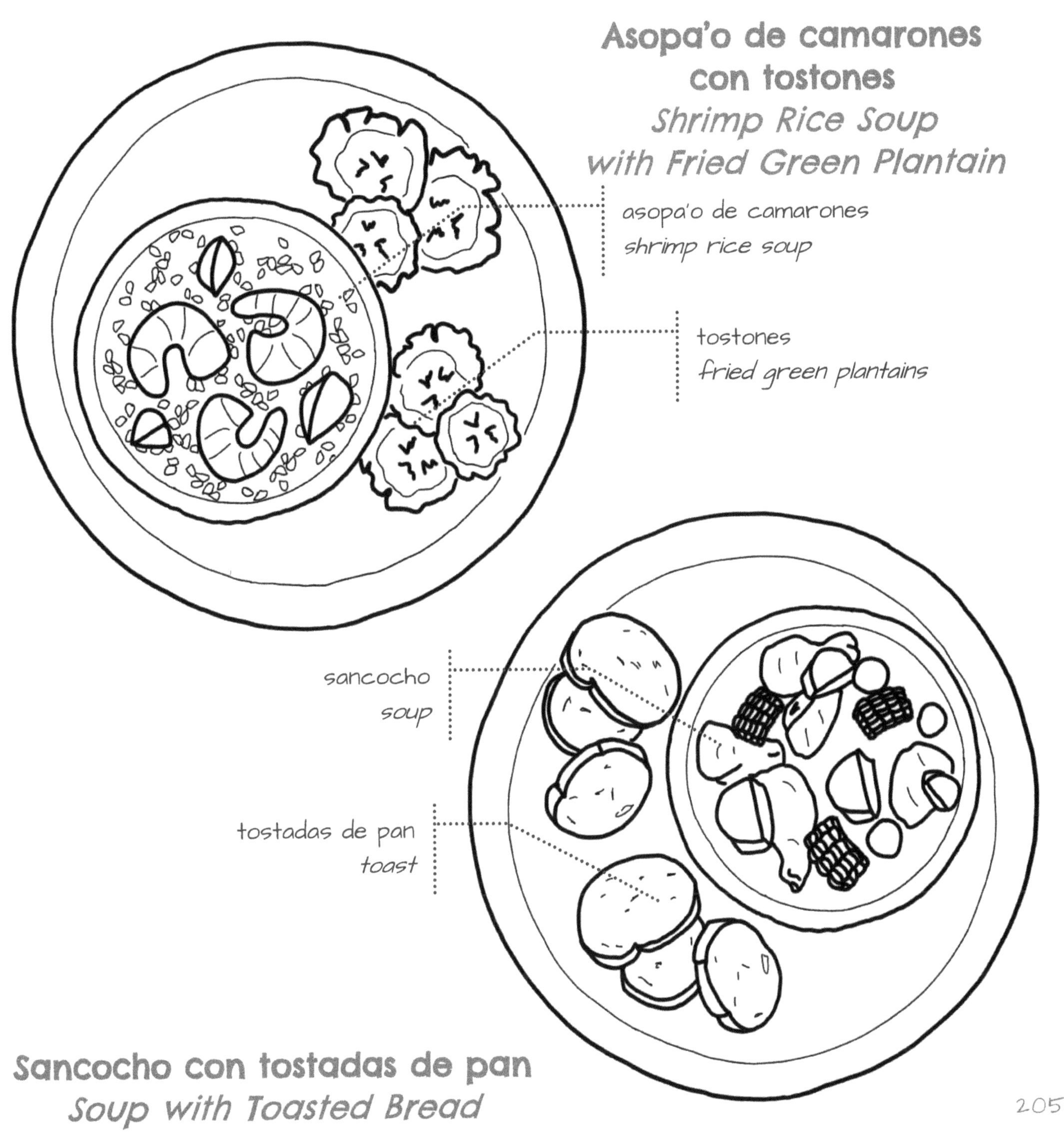
Asopa'o de camarones
con tostones
Shrimp Rice Soup
with Fried Green Plantain
asopa'o de camarones
shrimp rice soup
tostones
fried green plantains
sancocho
soup
tostadas de pan
toast
Sancocho con tostadas de pan
Soup with Toasted Bread

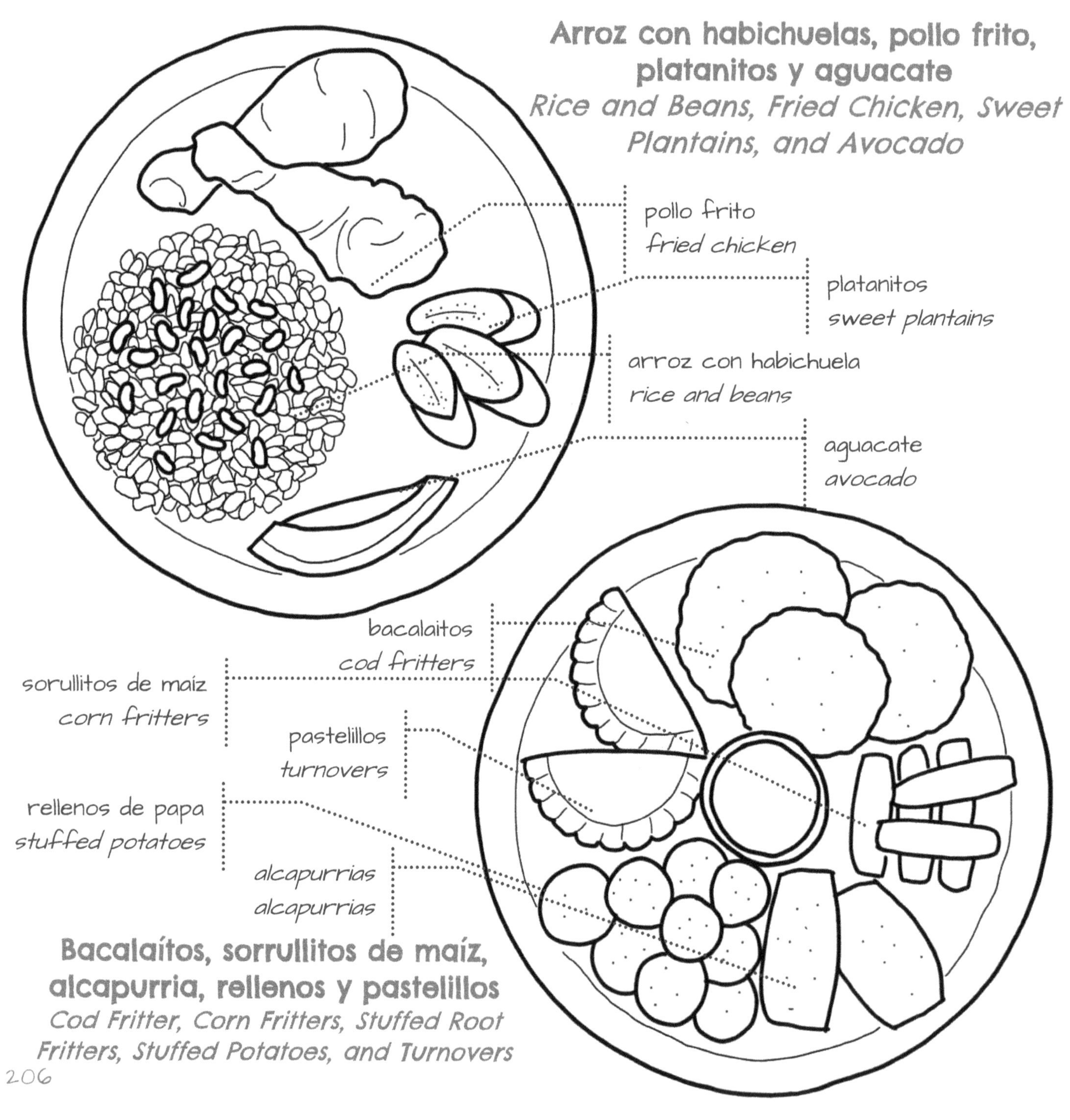
Arroz con habichuelas, pollo frito, platanitos y aguacate
Rice and Beans, Fried Chicken, Sweet Plantains, and Avocado
pollo frito
fried chicken
platanitos
sweet plantains
arroz con habichuela
rice and beans
aguacate
avocado
bacalaitos
cod fritters
sorullitos de maiz
corn fritters
pastelillos
turnovers
rellenos de papa
stuffed potatoes
alcapurrias
alcapurrias
Bacalaítos, sorrullitos de maíz, alcapurria, rellenos y pastelillos
Cod Fritter, Corn Fritters, Stuffed Root Fritters, Stuffed Potatoes, and Turnovers

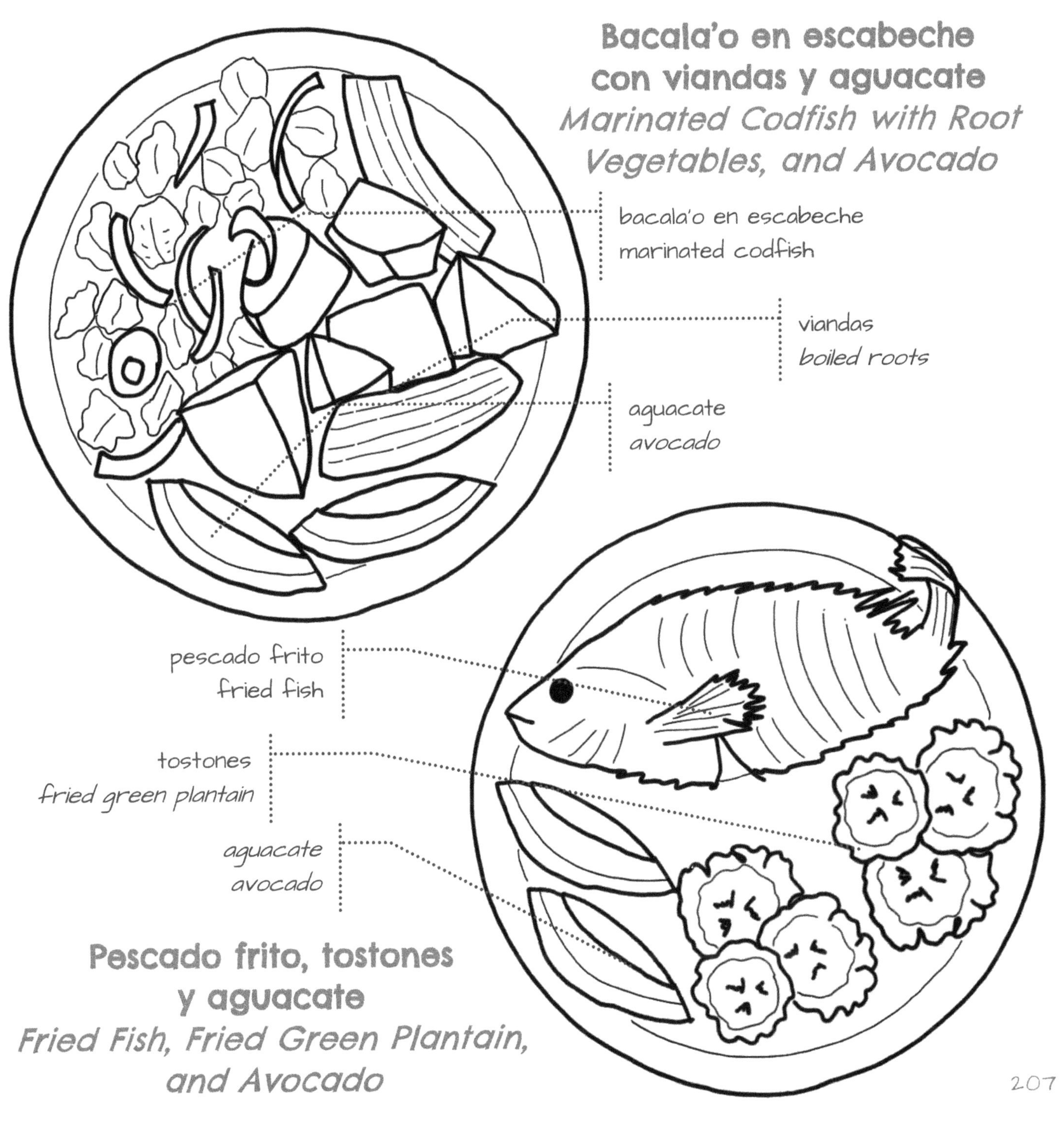
Bacala'o en escabeche
con viandas y aguacate
Marinated Codfish with Root
Vegetables, and Avocado
bacala'o en escabeche
marinated codfish
viandas
boiled roots
aguacate
avocado
pescado frito
fried fish
tostones
fried green plantain
aguacate
avocado
Pescado frito, tostones
y aguacate
Fried Fish, Fried Green Plantain,
and Avocado

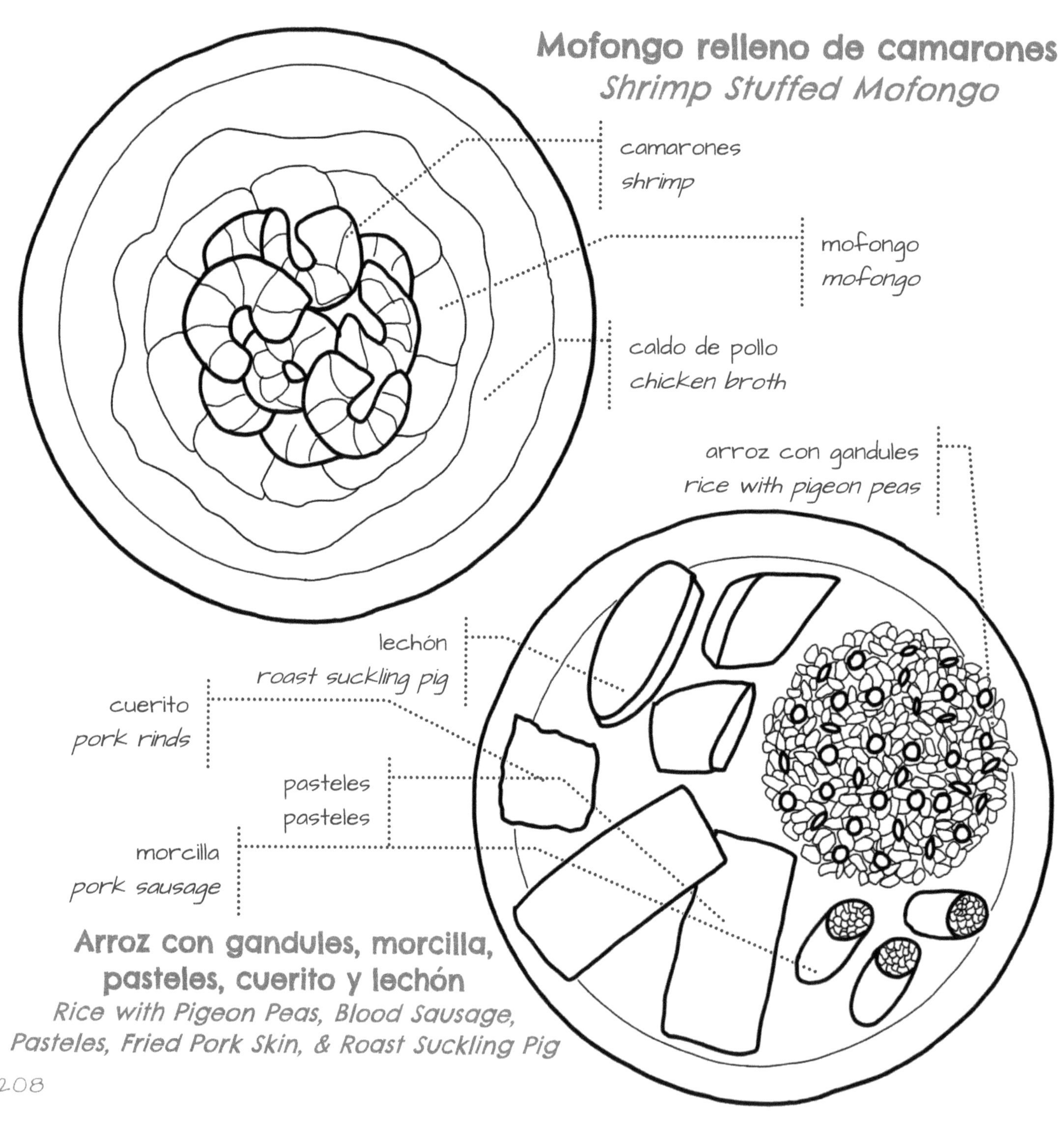
Mofongo relleno de camarones
Shrimp Stuffed Mofongo
camarones
shrimp
mofongo
mofongo
caldo de pollo
chicken broth
arroz con gandules
rice with pigeon peas
lechón
roast suckling pig
cuerito
pork rinds
pasteles
pasteles
morcilla
pork sausage
Arroz con gandules, morcilla, pasteles, cuerito y lechón
Rice with Pigeon Peas, Blood Sausage, Pasteles, Fried Pork Skin, & Roast Suckling Pig

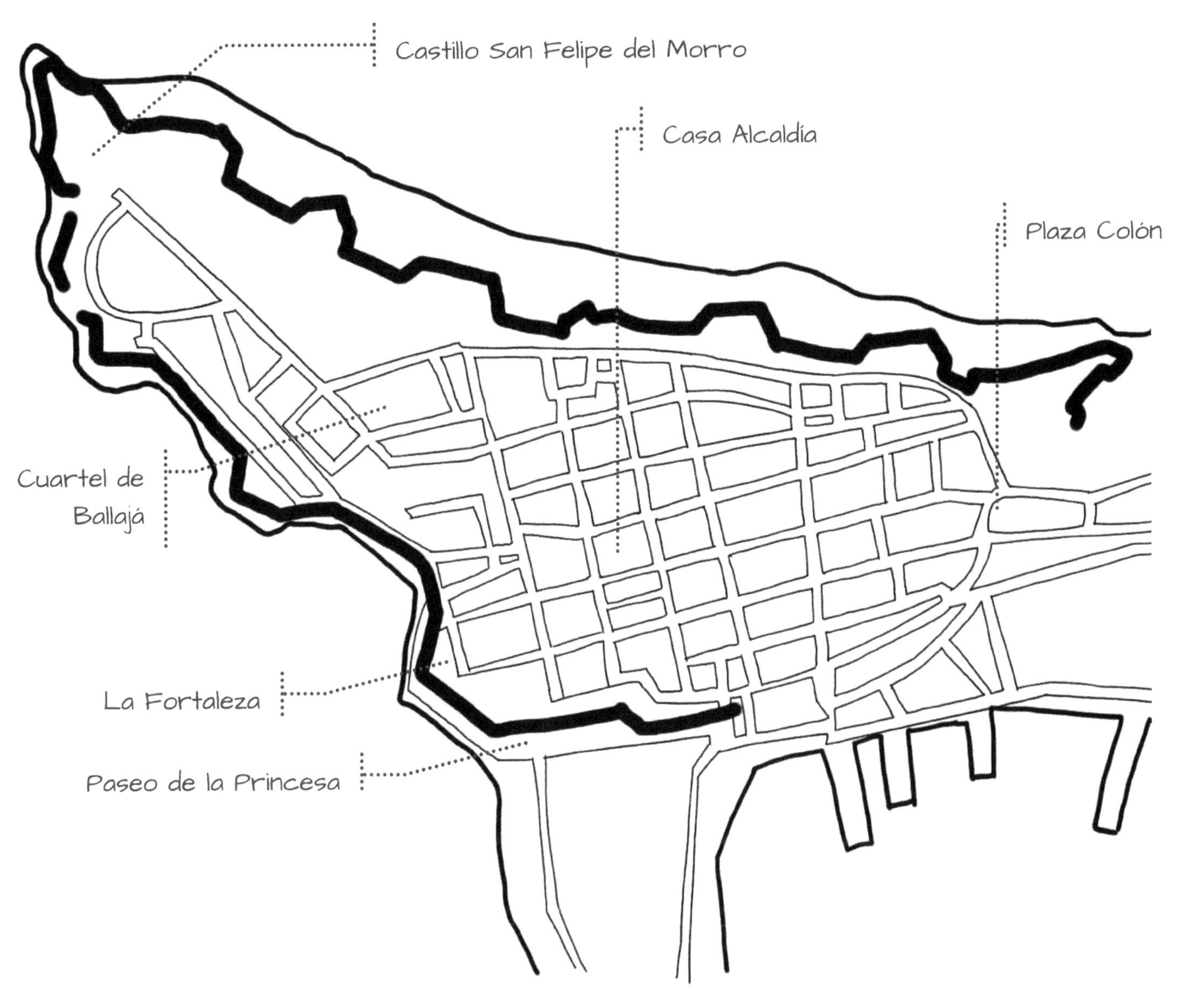

Mapa del viejo San Juan

Map of Old San Juan

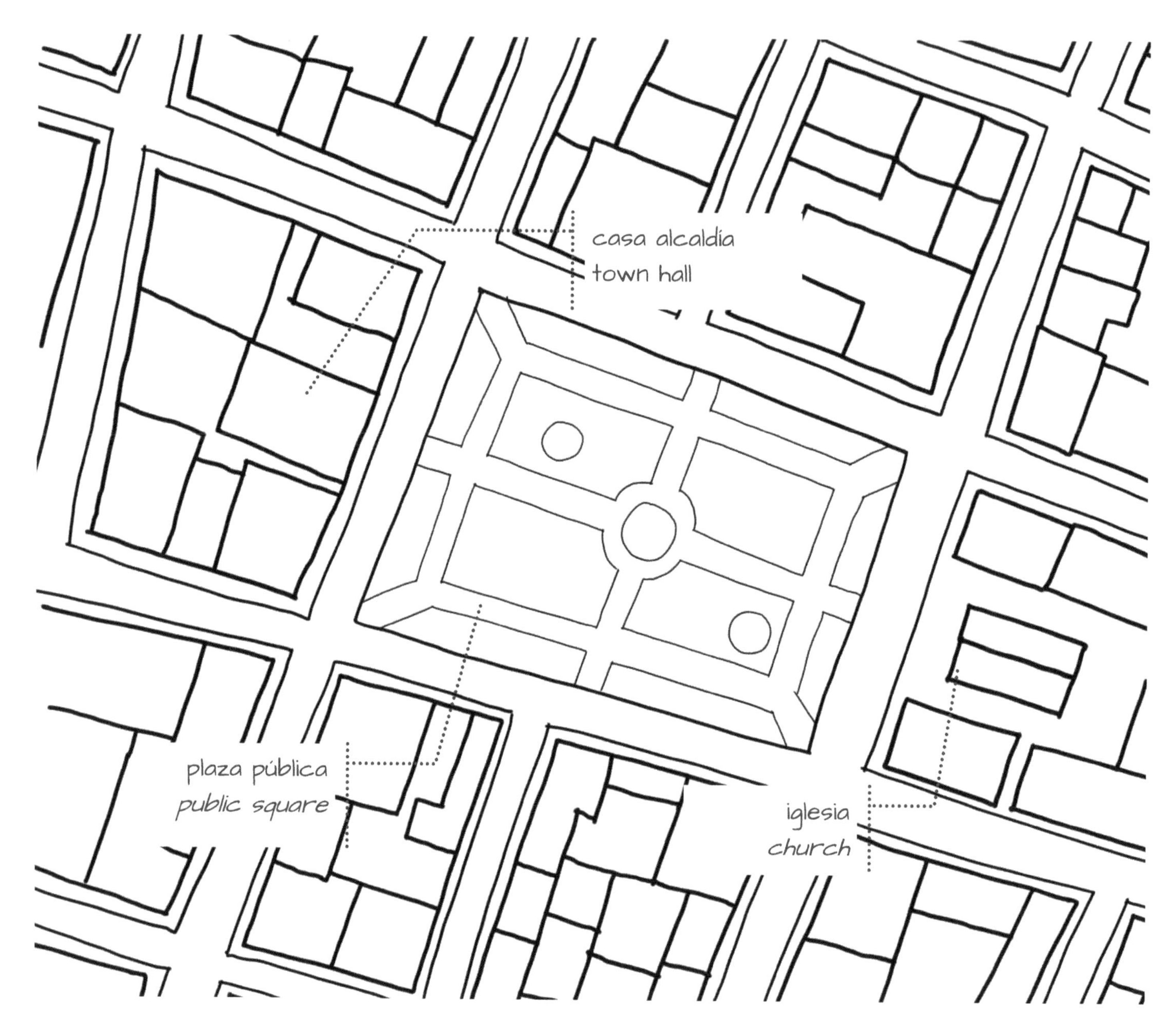

Vista aérea típica de los centros de las ciudades
Aerial View of a Typical City Center

www.ingramcontent.com/pod-product-compliance
Ingram Content Group UK Ltd.
Pitfield, Milton Keynes, MK11 3LW, UK
UKHW051206260726
13967UKWH00011B/3128